Computer
für Einsteiger
Windows 7

Verlag:
BILDNER Verlag GmbH
Bahnhofstraße 8
94032 Passau

http://www.bildner-verlag.de
info@bildner-verlag.de

Tel.: +49 851-6700
Fax: +49 851-6624

ISBN: 978-3-8328-0032-1

Covergestaltung:
Christian Dadlhuber

Lektorat:
Anja Schmid, Inge Baumeister, MMTC Multi Media Trainingscenter GmbH

Herausgeber:
Christian Bildner

Unsere Bücher werden auf FSC-zertifiziertem Papier gedruckt.

Das FSC-Label auf einem Holz- oder Papierprodukt ist ein eindeutiger Indikator dafür, dass das Produkt aus verantwortungsvoller Waldwirtschaft stammt. Und auf seinem Weg zum Konsumenten über die gesamte Verarbeitungs- und Handelskette nicht mit nicht-zertifiziertem, also nicht kontrolliertem, Holz oder Papier vermischt wurde. Produkte mit FSC-Label sichern die Nutzung der Wälder gemäß den sozialen, ökonomischen und ökologischen Bedürfnissen heutiger und zukünftiger Generationen.

Inhaltsverzeichnis

Vorwort

Computer und vor allem das Internet mit seinen vielfältigen Möglichkeiten sind aus dem heutigen Leben nicht mehr wegzudenken. Um diese Technik sinnvoll nutzen zu können, sollte sich jeder Einsteiger auf diesem Gebiet zunächst mit der allgemeinen Bedienung eines Computers vertraut machen.

An wen wendet sich dieses Buch?

Dieses Buch ist in erster Linie als begleitende Schulungsunterlage für die ersten Schritte am Computer gedacht. Es richtet sich vor allem an Computereinsteiger der älteren Generation, die über keine oder nur geringe Erfahrung im Umgang mit Computern verfügen. Zugunsten einer übersichtlichen Beschreibung der Vorgehensweise bei den grundlegenden Funktionen eines Computers, beispielsweise beim Starten und Beenden von Programmen oder beim Speichern von Daten wurde daher auch bewusst auf eine umfassende und vollständige Beschreibung aller Funktionen des Betriebssystems Windows 7 verzichtet.

Schreibweise

Zur besseren Lesbarkeit wurde im gesamten Text eine etwas größere Schrift verwendet. Menübefehle, sowie die Beschriftung von Dialogfenstern sind zur besseren Unterscheidung in Kapitälchen gesetzt, Beispiel: ANSICHT – SYMBOLLEISTEN.

Verwendete Symbole:

Am Rand finden Sie verschiedene Symbole, die Sie auf Wichtiges hinweisen:

☞	Wichtige Sachverhalte, die Sie beachten sollten sind mit diesem Symbol gekennzeichnet.
🖱	Dieses Symbol weist Sie auf Befehle hin, für die Sie die **linke** Maustaste benötigen.
🖱	Dieses Symbol weist Sie auf Befehle hin, die Sie über die **rechte** Maustaste aufrufen können.

| | Dieses Symbol bedeutet, dass Eingaben über die Tastatur erforderlich sind. |
| | Eine Lösung für mögliche Fragen und Probleme finden Sie bei diesem Symbol. |

1 Was gehört zu einem Computer?

Was macht ein Computer eigentlich?

Was kann ein Computer? Eigentlich nur rechnen, vergleichen und sich Dinge merken, indem er sie speichert. Darüber hinaus hat ein Computer und damit auch sein Benutzer über das Internet Zugang zu einer gewaltigen Menge an Informationen.

?
Computer rechnen und vergleichen

Zu einem Computer gehören immer **Hardware** und **Software**. Mit Hardware sind alle Geräte gemeint, die man anfassen kann, zum Beispiel die Tastatur. Unter Software versteht man alle Programme, die auf dem Computer Aufgaben erledigen, mit deren Hilfe man beispielsweise einen Brief schreiben oder im Internet surfen kann. Auch Betriebssysteme und Computerspiele gehören zur Software.

Die Arbeitsweise eines Computers beruht auf dem so genannten EVA Prinzip, gemeint sind damit **E**ingabe, **V**erarbeitung und **A**usgabe. Wenn Sie am Computer einen Brief schreiben, geben Sie über die Tastatur (Eingabegerät) Buchstaben ein. Mit einer geeigneten Software, einem Textverarbeitungsprogramm werden die Buchstaben aneinandergefügt (Verarbeitung). Auch Texte unterstreichen oder mit einer anderen Schrift darstellen, gehört zur Verarbeitung. Das Ergebnis können Sie am Bildschirm betrachten oder auf dem Drucker ausdrucken (Ausgabe).

Für alle diese Aufgaben brauchen Sie Hardware, wie Tastatur, Bildschirm und Drucker und dazu Computerprogramme, die Software. Betrachten wir zunächst die Hardware genauer.

Die wichtigsten Bestandteile eines Computers

Laptop oder Tower?

Herkömmliche Computer sind in einem eher unförmigen Gehäuse (Tower) untergebracht. Ihr Vorteil besteht darin, dass viele Bauteile meist problemlos ersetzt werden können. Auch der zusätzliche Einbau weiterer Komponenten, beispielsweise eines weiteren Laufwerks ist jederzeit möglich.

Als Laptop oder Notebook bezeichnet man kleinere Computer, die wesentlich weniger Platz benötigen und bequem transportiert werden können. Nachteilig sind die höheren Anschaffungskosten sowie die Tatsache, dass Reparaturen häufig nur vom Hersteller vorgenommen werden können.

Die kleinere Variante des Notebooks sind Netbooks. Dabei handelt es sich um kleine Laptops für unterwegs, auf denen Sie Aufgaben, wie Texte schreiben, Musik hören oder im Internet surfen, erledigen können. Bei Netbooks steht der Preis und die Akkulaufzeit im Vordergrund. Als Zweitgerät, das Sie auf Reisen benutzen, soll es lange ohne Stromversorgung aus der Steckdose funktionieren, handlich und nicht zu teuer sein. Aus diesen Gründen haben Netbooks kein CD- oder DVD-Laufwerk und weisen geringere Leistungsmerkmale auf. Vor allem sind natürlich der Bildschirm und die Tastatur kleiner, was längeres Arbeiten an diesen Geräten erschwert.

Mainboard (auch Motherboard oder Hauptplatine)

Unter dem Gehäuse eines Computers befindet sich die Hauptplatine, auch als Mainboard oder Motherboard bezeichnet.

Hier ein Blick in das Innere eines Computers:

Alle Bestandteile des Computers befinden sich entweder direkt auf der Hauptplatine oder sind über Kabel damit verbunden. Der Chipsatz des Mainboards sorgt für die reibungslose Kommunikation der einzelnen Geräte und Bauteile.

Prozessor

Der Prozessor oder die CPU (engl. Central Processing Unit = zentrale Verarbeitungseinheit) ist das "Herz" eines Computers, vergleichbar mit dem Motor eines Autos. Dieser kleine Chip verarbeitet sämtliche Daten und Befehle die anschließend über das Mainboard an die verschiedenen Geräte weitergeleitet werden. Die Arbeitsgeschwindigkeit einer CPU wird in Megahertz (MHz), bzw. Gigahertz ausgedrückt und bestimmt maßgeblich die Schnelligkeit des gesamten Computers.

Der eigentliche Prozessor

Prozessorkühler mit Lüfter

CPUs sind in allen Preis- und Leistungsklassen erhältlich und seit Jahren gilt die Faustregel, dass sich die Leistung eines Computers alle 18 Monate verdoppelt und gleichzeitig der Preis halbiert. Die bekanntesten Hersteller von Prozessoren sind die Firmen AMD und Intel.

Arbeitsspeicher (RAM)

Der Prozessor kann nur Daten und Befehle verarbeiten, die im Arbeitsspeicher oder Hauptspeicher bereitgehalten werden. Meist wird dieser Speicher als RAM (Abkürzung für engl. Random Access Memory) bezeichnet. Programme werden beim Start in den Arbeitsspeicher geladen und beim Beenden wieder daraus entfernt. Als flüchtiger Speicher, der zur Datenhaltung Strom benötigt, eignet sich der Arbeitsspeicher nicht zur dauerhaften Datenspeicherung.

Nicht nur die Geschwindigkeit des Prozessors, sondern auch die Kapazität des Arbeitsspeichers sind maßgeblich für die Leistungsfähigkeit eines Computers.

Grafikkarte

Ursprünglich bestand die Aufgabe einer Grafikkarte darin, die digitalen Bildinformationen eines Computers in analoge Signale für den Bildschirm umzuwandeln. Inzwischen übernimmt die Grafikkarte, insbesondere bei Spielen auch Aufgaben der CPU und berechnet eigenständig die Darstellung von Bildern.

Grafikkarten gibt es in allen Preis- und Leistungsklassen. Für Büroanwendungen und Surfen im Internet ist meist eine normale Grafikkarte völlig ausreichend, während für Spiele, Bild- und Videobearbeitung in der Regel eine leistungsfähigere Grafikkarte benötigt wird.

Soundkarte / Soundchip

Zur Tonwiedergabe bei Computerspielen oder zum Abspielen von normalen Musik-CDs benötigen Sie neben den Lautsprechern auch noch eine Soundkarte im Computer. Entweder in Form einer Erweiterungskarte, die einfach auf die Hauptplatine gesteckt oder als Chip in die Hauptplatine integriert wird. Selbstverständlich können an einen Computer auch Lautsprecher angeschlossen werden, bei einem Laptop sind diese im Gehäuse integriert.

Netzwerk

Für schnelle Internetverbindungen (DSL), oder wenn Sie mehrere Computer zu einem Netzwerk verbinden möchten, muss im Computer entweder ein Netzwerkchip oder eine Netzwerkkarte vorhanden sein. Diese ist bei modernen Computern bereits standardmäßig vorhanden.

Datenspeicher

Die Kapazität von Speichern (Festplatte, USB-Stick, Arbeitsspeicher) wird in Byte angegeben:

Speicherkapazität
1 Kilobyte (1 KB) = 1000 Byte *
1 Megabyte (1 MB) = 1000 Kilobyte
1 Gigabyte (1 GB) = 1000 Megabyte
1 Terabyte (1 TB) = 1000 Gigabyte

*ein anderes System geht von 1 Kibyte = 1024 Byte aus.

Größen im Vergleich

- ein einfacher Brief benötigt etwa 25 KB
- ein Digitalfoto 4 MB
- ein Computerprogramm (z.B. Microsoft Word) je nach Installation etwa 100 MB.

Festplatte

Die Festplatte (engl. HD, Hard Disk) ist in einem PC das wichtigste Speichermedium für Daten. Auf ihr sind das Betriebssystem des Computers, die übrige benötigte Software und die Daten des Benutzers gespeichert. Die Speicherkapazität beträgt mehrere Gigabyte (GB). Die Bezeichnung Festplatte stammt daher, dass sie im Normalfall fest im Computer eingebaut ist, im Gegensatz zu Wechseldatenträgern wie CD und USB-Stick.

So funktioniert eine Festplatte:

Mehrere übereinander liegende und mit einer magnetischen Schicht versehene Scheiben rotieren mit hoher Geschwindigkeit in einem luftdicht abgeschlossenen Gehäuse. Die Daten selbst werden mit Schreib- Leseköpfen auf die Festplatte geschrieben bzw. gelesen.

Normalerweise besitzt ein Computer nur eine Festplatte, je nach Anschlussmöglichkeiten lassen sich aber bei Bedarf weitere Festplatten einbauen oder extern anschließen. Man kann aber auch eine einzige Festplatte in mehrere Bereiche aufteilen, die dann wie getrennte Festplatten behandelt werden. Dies bezeichnet man als Partitionieren. Jede Festplattenpartition wird im Computer als Laufwerk angezeigt.

Partitionieren bedeutet, eine einzige Festplatte in mehrere getrennte Bereiche aufzuteilen

Wechseldatenträger

Festplatten speichern zwar große Datenmengen, sind aber im Computer fest eingebaut (mit Ausnahme von externen Festplatten). Daher gehören zu jedem Computer auch noch Laufwerke für Datenträger, die Sie jederzeit herausnehmen können. Wechseldatenträger sind unverzichtbar zum Transport, zur Sicherung und Archivierung von wichtigen Daten (auch eine Festplatte kann ihren Geist aufgeben).

CD und DVD

Sie kennen wahrscheinlich Audio-CDs oder Foto-CDs. Beim Kauf Ihres Computers, eines Druckers oder einer Digitalkamera haben Sie vielleicht CDs erhalten. CDs sind das Medium zur Weitergabe von Programmen, die Sie auf Ihrem Computer installieren können. Wenn Sie einen Film oder ein Computerspiel kaufen, erhalten Sie eine DVD (Digital Versatile Disk). CDs und DVDs unterscheiden sich grundsätzlich durch Ihre Speicherkapazität: Eine CD bietet Platz für 700 MB, während eine DVD über eine Speicherkapazität von 4,7 GB bzw. 8,5 GB verfügt. Inhalte von CDs / DVDs können Sie anschauen und auf Ihren Computer übertragen. Wenn Sie selbst Daten speichern möchten, müssen Sie leere CDs / DVDs kaufen, sogenannte Rohlinge.

Moderne Computer verfügen über mindestens ein Laufwerk, mit dem CDs oder DVDs gelesen werden können. Zum Abspielen von Filmen auf DVD benötigen Sie allerdings noch ein Abspielprogramm.

Inhalt von CD/DVD anschauen

In einem CD-Laufwerk können ausschließlich Daten von einer CD gelesen werden. Mit einem DVD-Laufwerk können Sie sowohl normale CDs als auch DVDs lesen.

Die Handhabung von CDs und DVDs

Der Einschub von CD-und DVD-Laufwerken lässt sich mit einer Taste aus- und wieder einfahren. Die CD / DVD wird immer mit der bedruckten Seite nach oben eingelegt, achten Sie beim Einlegen darauf, die Unterseite nicht zu beschädigen.

Nach dem Einlegen versucht Windows sofort, den Inhalt zu lesen, ein extra Zugriff auf die CD ist daher in den meisten Fällen gar nicht nötig.

Was bedeutet ROM?

Trägt ein CD oder DVD-Laufwerk die zusätzliche Bezeichnung ROM (engl. Read Only Memory, also nur Lesen), dann können damit nur Daten gelesen werden.

Was ist ein Brenner?

Ein CD- oder DVD-Brenner kann sowohl Daten von CD / DVD lesen als auch mit Daten beschreiben, daher sind diese Laufwerke auch mit dem Zusatz RW versehen. Die Daten werden beim Brennen von CDs oder DVDs mit Laser in die Oberfläche von CD- bzw. DVD-Rohlingen eingebrannt. Einmalig beschreibbare Rohlinge sind mit dem Zusatz R gekennzeichnet, an der Bezeichnung RW (rewritable) erkennen Sie wiederbeschreibbare Rohlinge.

Das Brennen von Daten auf CD ist einfach und wird von Windows 7 unterstützt. Nur für anspruchsvolle Aufgaben sind dazu auch spezielle Programme erforderlich.

Nehmen Sie vor dem Herunterfahren die CD aus dem Laufwerk

> **Und noch ein Hinweis**
>
> Nehmen Sie vor dem Herunterfahren sicherheitshalber immer die CD aus dem Laufwerk. Manche Computer greifen sonst beim nächsten Einschalten auf die CD zu und versuchen dort das Betriebssystem zu starten. Sie erhalten dann als Fehlermeldung "no system disk", was bedeutet: kein Betriebssystem vorhanden. In diesem Fall entnehmen Sie den Datenträger aus dem Laufwerk und drücken eine beliebige Taste der Tastatur, um den Startvorgang fortzusetzen.

USB-Speicherstifte

USB universal serial Bus

Die Nummer eins des problemlosen Datentransports sind USB-Speicherstifte oder USB-Sticks. Diese werden einfach in den USB-Anschluss eines Computers eingesteckt. Sie können Daten auf den USB-Stick kopieren, ohne dass ein zusätzliches Gerät nötig ist. Außerdem ist es möglich, Daten wieder zu löschen, um Platz für neue zu schaffen.

Weitere Laufwerke

Manche Computer sind auch mit Laufwerken ausgestattet, mit denen Speicherkarten von Digitalkameras gelesen werden können.

Zum Einlesen aus Speicherkarten lassen sich aber auch externe Laufwerke über Kabel anschließen, hier ein Beispiel.

Externe Ein- und Ausgabegeräte

Anschlüsse

Externe Geräte werden am Computer über genormte Stecker angeschlossen. Die Anschlüsse werden in der EDV auch als Schnittstellen (engl. interfaces) bezeichnet und befinden sich normalerweise an der Rückseite des Gehäuses.

An eine USB-Schnittstelle (USB, Abkürzung für engl. universal serial bus) können Drucker, Scanner, Tastatur oder eine Maus angeschlossen werden, vorausgesetzt das Gerät verfügt über den entsprechenden Stecker. Alle neueren Rechner sind meist mit mehreren USB-Anschlüssen ausgestattet.

Ein USB Stecker, wie er für Maus, Tastatur oder Drucker verwendet wird.

> **Tipp**
>
> Ein oder mehrere leicht zugängliche USB Anschlüsse an der Vorder- oder Oberseite eines Towergehäuses ersparen lästiges Herumturnen auf dem Boden, wenn Sie z.B. einen USB-Speicherstift verwenden wollen.

Bei älteren Computern werden auch noch die parallele Schnittstelle (für den Drucker) und PS/2-Anschlüsse (für Maus und Tastatur), in seltenen Fällen auch noch serielle Anschlüsse (z.B. für Modem) benutzt.

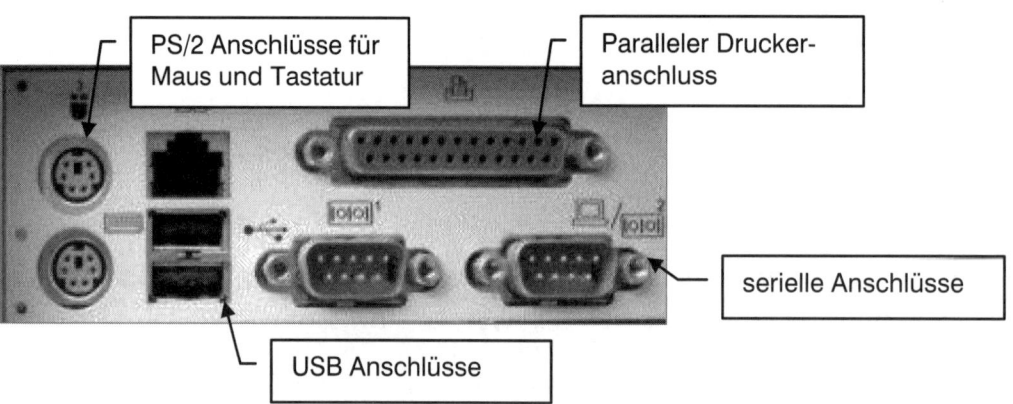

Tastatur und Maus

Die wichtigsten Eingabegeräte sind Maus und Tastatur. Die typischen Elemente einer Computertastatur setzen sich zusammen aus Schreibmaschinenblock, gesondertem Ziffernblock (fehlt meist bei einem Laptop), Funktionstasten und Cursorblock. Eine genauere Übersicht über die Tasten und Ihre Verwendung finden Sie im Anhang.

Eine spezielle Unterlage für die Maus bezeichnet man als **Mousepad**

Die Maus ist ein weiteres, wichtiges Gerät zur Bedienung eines Computers. Über eine Kugel auf der Unterseite werden bei älteren Modellen die Bewegungen der Maus auf einer Unterlage auf den Bildschirm übertragen. Mit den Maustasten können Befehle ausgeführt werden. Bei optischen Mäusen wird die Tischoberfläche mit einer Kamera abgetastet und daraus die Mausbewegung ermittelt.

Die meisten Mäuse besitzen in der Mitte ein kleines Rädchen. Ist der Bildschirm zu klein für den gesamten Inhalt, so drehen Sie dieses Rädchen, um nach oben oder unten durch den Text zu blättern (scrollen). Die genaue Handhabung der Maus wird in der nächsten Lektion ausführlich erklärt.

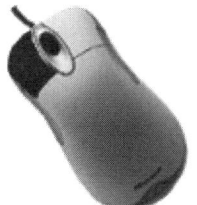

Kabellose Mäuse sind nicht über Kabel mit dem Computer verbunden, brauchen aber eine Stromversorgung!

Was ist bei einem Laptop anders?

Bei tragbaren Computern ist als Zeigegerät unterhalb der Tastatur eine berührungsempfindliche Fläche, ein Touchpad untergebracht. Mit den Bewegungen des Zeigefingers wird die Einfügemarke auf dem Bildschirm bewegt, ein leichtes Antippen erzeugt einen Mausklick.

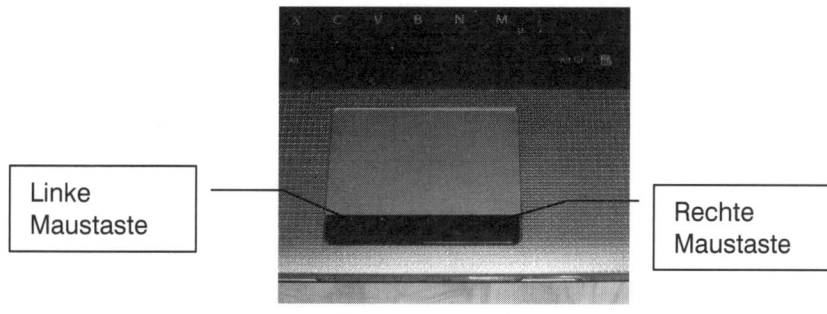

Linke Maustaste

Rechte Maustaste

Eine herkömmliche Maus kann jederzeit zusätzlich angeschlossen werden.

Monitor

Monitore oder Bildschirme gibt es in verschiedenen Bauarten:

Die herkömmlichen Bildschirme, auch als CRT-Monitore (Cathode Ray Tube = Elektronenstrahlröhre) sind kaum noch in Gebrauch. Sie basieren auf einer Bildschirmröhre und sind im Vergleich zu den modernen Flachbildschirmen wesentlich schwerer.

TFT-Monitore (Thin Film Transistor) und LCD-Monitore unterscheiden sich zwar in der Technik, werden aber gemeinhin unter Flachbildschirme zusammengefasst. Sie liefern flimmerfreie Bilder und sind strahlungsarm. Zudem benötigen sie auf dem Schreibtisch wenig Platz.

Die Größe eines Bildschirms, genauer gesagt die Bildschirmdiagonale wird meist in Zoll angegeben und sollte mindestens 40 cm (17 Zoll) betragen. Die Größe bestimmt auch die Auflösung, also die Anzahl der Bildpunkte (Pixel) für die Darstellung.

Drucker

Damit Sie einen Brief oder eine Grafik zu Papier bringen können, benötigen Sie einen Drucker. Die Auflösung eines Druckers und damit die Druckqualität wird in dpi (dots per inch = Punkte pro Inch) angegeben. Drucker lassen sich in zwei Gruppen unterscheiden:

Tintenstrahl- oder Laserdrucker?

Bei einem **Tintenstrahldrucker** bringen Druckköpfe die Tinte in kleinen Tintentröpfchen aufs Papier. Als Farbdrucker mit geringen Anschaffungskosten sind diese Drucker vor allem im Privatbereich sehr beliebt.

Laserdrucker werden vor allem im Büro eingesetzt und verwenden eine ähnliche Technik wie Kopierer. Sie zeichnen sich durch Schnelligkeit und sehr gute Druckqualität aus, was höhere Anschaffungskosten zur Folge hat.

Achten Sie auf die Kosten für Tintenpatronen

Was Sie beim Druckerkauf beachten sollten
Viele Farbdrucker sind zwar preiswert in der Anschaffung, dagegen ist der Nachkauf der Tintenpatronen oder des Toners (schwarz, magenta, gelb und blau) eine teure Angelegenheit. Achten Sie darauf, dass der Austausch der einzelnen Farben getrennt möglich ist. Sonst müssen Sie womöglich alle Farbpatronen wechseln, obwohl nur eine davon leer ist.   Erkundigen Sie sich auch, ob der Drucker nur mit den Herstellerpatronen betrieben werden kann, oder auch andere billigere Varianten benutzt werden können.

Eine preisgünstige Alternative ist das Wiederfüllen der Tintenpatronen. Leider lassen sich diese nicht in allen Druckermodellen verwenden.

Scanner

Mit einem Scanner kann man Bilder, Grafiken oder auch Texte einscannen, d.h. mit einem Lichtstrahl abtasten lassen. Diese Daten können dann gespeichert, mit Hilfe von Programmen weiterbearbeitet und ausgedruckt werden. Eingescannter Text wird allerdings vom Computer wie ein Bild behandelt, erst mit Hilfe einer Schrifterkennungssoftware wird daraus wieder Text.

Welche Hardware brauchen Sie für den Internetzugang?

Eine schnelle Verbindung mit dem Internet wird in den meisten Fällen entweder als DSL-Verbindung über die Telefonleitung oder über TV-Kabel hergestellt.

Benutzen Sie die Telefonleitung, so können Sie eine DSL-Verbindung sowohl über einen analogen als auch einen ISDN-Telefonanschluss herstellen, ein ISDN-Anschluss ist nicht zwingend erforderlich. Eine DSL-Verbindung ermöglicht immer gleichzeitiges Internetsurfen und Telefonieren. Neben einem DSL-Modem benötigen Sie einen Splitter. Der Splitter sorgt für eine Trennung der Signale aus Ihrer Telefonleitung in Internetdaten und Telefondaten. Außerdem muss in Ihrem Computer eine Netzwerkkarte eingebaut sein, was bei den neueren Geräten in der Regel der Fall ist.

Um ins Internet zu gelangen, schließen Sie einen Vertrag mit einem Provider (Anbieter), der Ihnen den Zugang ermöglicht. Vergewissern Sie sich vor Abschluss eines Vertrags, dass eine DSL-Verbindung an Ihrem Standort möglich ist.

Was ist eigentlich ein WLAN-Modem oder Router?

LAN ist die Abkürzung für engl. local area network, also ein lokales Netzwerk das mehrere Computer und andere Geräte untereinander verbindet. Bei einer drahtlosen Verbindung spricht man von einem WLAN (Wireless LAN). Ein WLAN-Modem wird über Funk mit einem oder mehreren Computern verbunden.

Tipps zum Computerkauf

Vor dem Kauf eines Computers sollten Sie sich genau überlegen, wozu Sie den Computer nutzen wollen.

Briefe schreiben, im Internet surfen und E-Mails versenden oder Berechnungen mit einem Tabellenkalkulationsprogramm stellen keine besonderen Ansprüche an die Hardware. Für diese Aufgaben eignet sich auch ein langsamerer (und damit deutlich preisgünstigerer) Prozessor.

Für Bildbearbeitung, Videobearbeitung oder Spiele brauchen Sie wesentlich mehr. Einen schnellen Prozessor mit viel Arbeitsspeicher (RAM), eine oder besser zwei große Festplatten und nicht zu vergessen: eine schnelle Grafikkarte.

Woran Sie sonst noch denken sollten

Wichtig für ermüdungsfreies Arbeiten ist ein guter Monitor, am besten beim Kauf vorführen lassen. Achten Sie auf unscharfe Bereiche oder verzerrte Bildränder, manche empfinden auch den Spiegeleffekt einer glänzenden Oberfläche als störend.

Nicht jeder Computer ist auch leise. In einem modernen Computer befinden sich aufgrund der großen Wärmeentwicklung auch noch Lüfter für Netzteil, Prozessor, eventuell auch Grafikkarte, die für erheblichen Lärm sorgen können. Hochwertige Komponenten und damit leisere Lüfter sind in der Regel allerdings auch etwas teurer.

Was ist Windows?

Jeder Computer benötigt ein **Betriebssystem**. Meist ist Microsoft Windows als Betriebssystem beim Rechnerkauf bereits vorhanden

Jeder Computer kann nur zusammen mit Software, also den Computerprogrammen sinnvoll genutzt werden. Die wichtigste Software eines Computers ist das Betriebssystem (Operating System, kurz OS). In der Regel ist das Betriebssystem Microsoft Windows beim Computerkauf schon auf dem Rechner vorhanden. Zu den grundlegenden Aufgaben eines Betriebssystems gehört die Steuerung der Zusammenarbeit der Hardwarekomponenten. Dafür bringt ein Betriebssystem kleine Programme, die so genannten Treiber mit. Außerdem verwaltet ein Betriebssystem Arbeitsspeicher und Leistung der CPU, sowie alle gespeicherten Daten und sorgt dafür, dass Sie den Computer über eine Benutzeroberfläche mit Maus und Tastatur bedienen können.

Welche Windows Version?

Windows gibt es in verschiedenen Versionen: auf älteren Rechnern finden Sie Windows XP. Auf diese Version folgte Windows Vista und seit Oktober 2009 ist der Nachfolger Windows 7 im Handel. Haben Sie also ab diesem Zeitpunkt einen neuen Computer gekauft, so sollte auf diesem das Betriebssystem Windows 7 installiert sein. Natürlich können Sie ein Betriebssystem auch ohne Computer erwerben und auf Ihren vorhandenen Rechner installieren. Windows Vista stellte hohe Anforderungen an die Leistungs- und Speicherkapazität des Computers. Ein wichtiger Punkt bei der Entwicklung von Windows 7 war, diese Anforderungen zu minimieren. Aus diesem Grund sollten Sie auf einen Computer, der vorher unter Windows Vista funktioniert hat, Windows 7 installieren können. Allerdings können unter Umständen Probleme im Zusammenspiel Ihrer aktuellen Komponenten, wie z.B. der Graphikkarte mit dem neuen Betriebssystem auftreten. Bei einem älteren Rechner mit einem Windows XP Betriebssystem funktioniert Windows 7 in der Regel nicht.

Windows 7 liegt in verschiedenen Varianten vor:

Die Varianten unterscheiden sich grundsätzlich durch Funktionsumfang und Preis. Der Standard für Privatanwender ist **Windows 7 Home Premium**. Windows 7 Professional und Ultimate bieten zusätzliche Funktionen, die Home Premium nicht zur Verfügung stellt, im Allgemeinen aber nur im Unternehmensumfeld benötigt werden. Darüberhinaus wird mit Windows 7 Starter eine Variante angeboten, die speziell für Netbooks entwickelt wurde und den geringeren Leistungsmerkmalen dieser Geräte Rechnung tragen soll. Natürlich geht damit eine Verringerung des Funktionsumfangs einher. Home Premium ist dieser Variante durchaus vorzuziehen.

Dieses Buch basiert auf Windows 7, die beschriebenen Funktionen sind in jeder Variante enthalten, mit Ausnahme von Windows 7 Starter, welches einige grafische Optionen nicht enthält. Trotzdem kann Windows auf Ihrem Computer etwas anders aussehen. Aber wie bei einem Auto sind auch bei jedem Betriebssystem alle wichtigen Funktionen und Bedienelemente vorhanden, sie unterscheiden sich nur in der Anordnung und Farbgebung.

Was Sie noch wissen sollten...

Nicht jede Software kann zusammen mit jeder Windows-Version eingesetzt werden. So setzen beispielsweise sehr viele Spiele eine bestimmte Version von Windows voraus. Programme, die Sie unter Windows XP problemlos benutzen konnten, werden unter Windows 7 möglicherweise nicht mehr ausgeführt.

Wenn Sie sich mit dem Computer vertraut gemacht haben...

sollten Sie wissen, dass nicht alle unter Windows 7 zur Verfügung stehenden Programme auf Ihrem Computer installiert sind. Mit Windows 7 wurde ein Betriebssystem entwickelt, das weniger Speicherplatz auf der Festplatte einnehmen soll. Deshalb kann der Benutzer jetzt selbst entscheiden, welche weiteren Programme er installieren möchte. Zur Verfügung stehen unter anderen: Windows Mail (ein Programm zum Verschicken von E-Mails), Windows Fotogalerie (zum Verwalten und Bearbeiten von Bildern) und Windows Movie Maker (ein Programm zum Erstellen von Filmen aus Fotos und Videos Ihrer Digitalkamera). Alle Programme können Sie im Internet unter der Adresse: http://download.live.com/ herunterladen.

2   Erste Schritte

In dieser Lektion lernen Sie ...

- *wie Sie den Computer und das Betriebssystem Windows starten*
- *wie Sie mit der Maus umgehen*
- *wie Sie den Computer wieder ausschalten*

Den Computer starten

Schalten Sie den Computer und den Monitor ein, die nächsten Schritte geschehen automatisch: Arbeitsspeicher und Festplatte werden auf ihre Funktion überprüft und das Betriebssystem Windows wird gestartet.

?

Was tun, wenn...

Wenn der Bildschirm dunkel bleibt.
Überprüfen Sie, ob der Monitor eingeschaltet ist. Sind alle Kabel angeschlossen? Bewegen Sie die Maus oder drücken Sie eine Taste auf der Tastatur.

Die Anmeldung

Hinweis: Nicht bei jedem Computer ist eine Anmeldung erforderlich!

Erscheint nach dem Starten auf Ihrem Computer ein ähnliches Bild mit einem oder mehreren Symbolen und dazugehörigen Namen? Jedes dieser Symbole steht für einen Benutzer, der dazugehörige Benutzername ist darunter sichtbar. Dann ist als nächster Schritt eine Anmeldung am Betriebssystem erforderlich.

Ausschnitt mit mehreren Benutzerkonten

Ist bei Ihrem PC keine Anmeldung nötig, so können Sie die nächsten Schritte übergehen.

Falls **mehrere Benutzerkonten** existieren…

bewegen Sie die Maus bis der Zeiger in Form eines Pfeils auf das Symbol mit Ihrem Namen zeigt und tippen Sie anschließend kurz auf die **linke Maustaste**.

Der genauere Umgang mit der Maus wird auf den nächsten Seiten noch ausführlich erklärt.

Falls Sie anschließend dazu aufgefordert werden, tippen Sie Ihr Kennwort über die Tastatur ein.

Achten Sie bei der Eingabe von Kennwörtern auch auf Groß- und Kleinschreibung!

Sofern nur ein Benutzerkonto auf Ihrem Computer eingerichtet wurde, erscheint diese Darstellung sofort.

Tippen Sie auf der Tastatur Ihr Kennwort ein

Wie bei der Eingabe der Geheimzahl am Geldautomat einer Bank wird das Kennwort nicht angezeigt, es erscheinen nur Punkte. Dann zeigen Sie mit der Maus auf den Pfeil rechts neben Ihrem Kennwort und tippen erneut kurz auf die linke Maustaste.

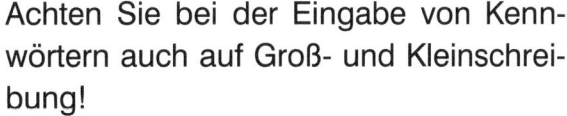

Falls Sie Ihr Kennwort falsch eingegeben haben, erscheint diese Meldung. Bewegen Sie Ihren Mauszeiger auf die Schaltfläche OK und klicken Sie einmal mit der linken Maustaste.

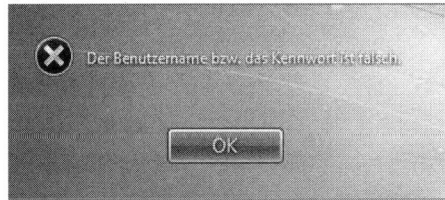

Unter Umständen sehen Sie einen Kennworthinweis, den Sie beim Einrichten Ihres Benutzerkontos vergeben haben, z.B. Meine Lieblingsfarbe

Damit erleichtern Sie natürlich auch anderen Benutzern den "unerlaubten" Zugriff auf Ihr Konto.

Sieht Ihre Anmeldung anders aus?

In Betrieben ist am Computer oft eine gesicherte Anmeldung erforderlich. Diese erscheint erst, wenn Sie eine bestimmte Tastenkombination aus den Tasten Strg und Alt und Entf auf der Tastatur gedrückt haben. Anschließend müssen Benutzername und Ihr Kennwort über die Tastatur eingegeben werden.

Tipp:
Lassen Sie sich in diesem Fall am besten die Anmeldung genau erklären oder auf eine einfachere Anmeldung umstellen.

Mehrere Benutzer

Wozu brauche ich mehrere Benutzerkonten auf meinem Computer?
Wenn mehrere Personen an einem Computer arbeiten, ist es sinnvoll für jede Person ein Benutzerkonto einzurichten. Installierte Programme werden von allen Benutzern gemeinsam genutzt. Informationen, die die Benutzer abspeichern, werden in separate Bereiche abgelegt. So sieht jeder Benutzer nur seine Informationen und kann auch nur diese ändern.

Wenn Sie Windows das erste Mal starten

Beim ersten Start können Sie einen Benutzernamen festlegen

Beim Kauf eines neuen PC befindet sich Windows 7 bereits vorinstalliert auf der Festplatte, aber beim ersten Starten Ihres Computers werden Sie aufgefordert, einen Benutzernamen einzugeben. Meist verwendet man hier den eigenen Vornamen, da dieser dann später auch bei der Anmeldung am Computer erscheint. Aus dem Benutzernamen und dem Wort PC wird der Computername erstellt. Sie können aber auch einen eigenen Computernamen eintragen, z.B. Computer Karl. Klicken Sie dann auf die Schaltfläche WEITER.

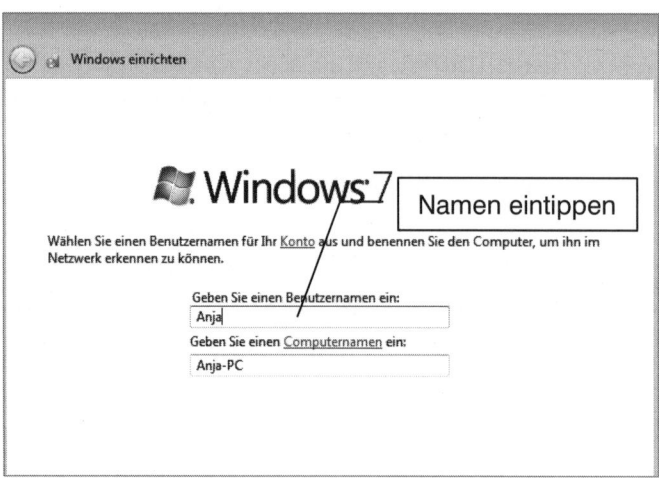

Im nächsten Schritt vereinbaren Sie ein Kennwort. In der Zeile darunter muss das Kennwort sicherheitshalber nochmals eingegeben werden. Die Kennwortvergabe ist optional. Tragen Sie hier kein Kennwort ein, so kann sich später jeder an Ihrem Computer anmelden. Zusätzlich können Sie einen Hinweis auf Ihr Kennwort festlegen, sozusagen eine kleine Eselsbrücke, falls Sie Ihr Kennwort vergessen. Das macht es natürlich leichter Ihr Kennwort zu erraten. Klicken Sie anschließend auf die Schaltfläche WEITER.

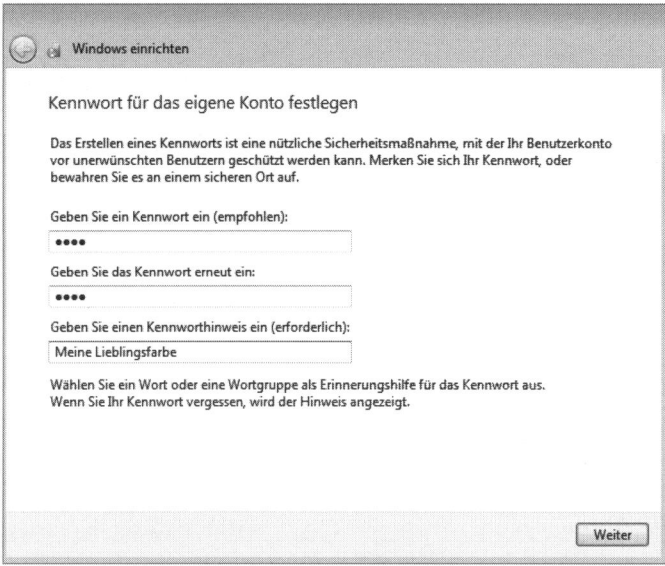

Im nächsten Schritt sollten Sie die von Microsoft empfohlenen Schutzeinstellungen für Ihrem Computer übernehmen.

Zum Abschluss müssen Sie eventuell noch die Zeitzone festlegen, sowie Datum und Uhrzeit überprüfen. Damit ist die Benutzereinrichtung von Windows abgeschlossen. Wenn Sie den Computer das nächste Mal einschalten, erscheint bei der Anmeldung automatisch Ihr Benutzername.

Ihre Arbeitsoberfläche - der Desktop

Entweder sofort nach dem Starten oder nach erfolgter Anmeldung erscheint die Arbeitsoberfläche oder Bedieneroberfläche von Windows 7. Diese Oberfläche wird auch als **Desktop** bezeichnet und lässt sich am besten mit einem Schreibtisch vergleichen, auf dem Sie alle anfallenden Aufgaben erledigen können. Allerdings benötigen Sie dazu dann noch ein entsprechendes Programm. So müssen Sie zum Beispiel als nächsten Schritt ein Textverarbeitungsprogramm starten, wenn Sie einen Brief schreiben wollen.

Der Desktop ist Ihre Arbeitsoberfläche.

Das Aussehen des Desktop kann vom Besitzer, bzw. von seiner Besitzerin verändert werden, so dass er auf jedem Computer anders aussieht. Der Desktop auf Ihrem Computer kann sich daher von der hier gezeigten Abbildung unterscheiden. Zunächst lernen Sie die wichtigsten Elemente kennen.

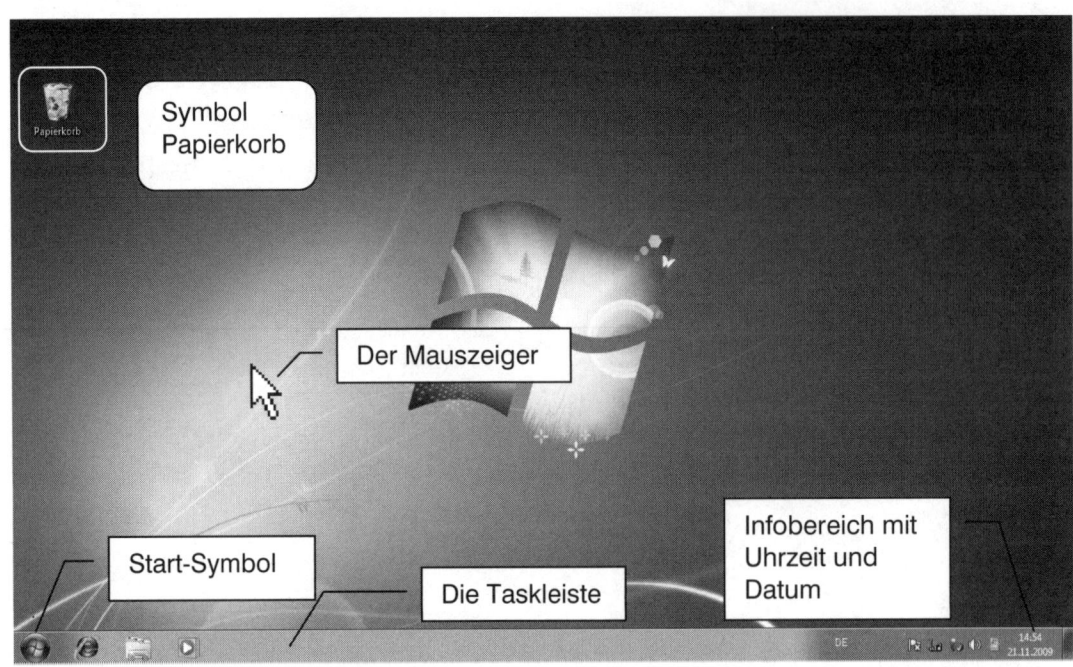

Der Bildschirmhintergrund

Siehe Kapitel 9

Der Desktop enthält ein Hintergrundmotiv. Dieses Motiv kann jederzeit verändert werden. Daher kann der Desktop auf Ihrem Computer etwas anders aussehen. Die genaue Vorgehensweise zur Änderung des Hintergrundmotivs wird in Kapitel 9 beschrieben.

Die Symbole

Vor dem Hintergrundbild sind verschiedene Symbole angeordnet. Auch hier gilt: die Art, Größe, Anzahl und Anordnung der Symbole können vom Benutzer festgelegt werden und sind daher auf jedem Computer unterschiedlich. Das Symbol PAPIERKORB ist dagegen als fester Bestandteil auf jedem Desktop zu finden:

Der Papierkorb

Im PAPIERKORB finden Sie Daten, die gelöscht wurden.

Die Taskleiste mit dem Startsymbol

Die Leiste am unteren Bildschirmrand bezeichnet man als Taskleiste

Am unteren Bildschirmrand befindet sich eine waagrechte Leiste. Wenn Sie ein Programm gestartet haben, wird der Name des Programms in dieser Leiste hervorgehoben, daher wird sie auch als "Taskleiste" bezeichnet (nach dem englischen Wort "Task" für Anwendung oder Programm). Den Bereich am rechten Rand der Taskleiste mit Uhrzeit und Datum bezeichnet man als

Infobereich. Vermutlich befinden sich neben der Uhrzeit noch weitere kleine Symbole, die Sie aber zunächst nicht beachten brauchen.

START

Am linken Rand der Taskleiste, in der unteren linken Ecke des Bildschirms sehen Sie das Windows-Logo. Dies ist eigentlich eine Schaltfläche, die Sie mit der Maus bedienen, wenn Sie ein Programm starten wollen.

Das Startsymbol

Keine Angst vor der Maus!

Bevor Sie sich näher mit Windows 7 und verschiedenen Programmen beschäftigen, sollten Sie sich mit der Maus vertraut machen. Die Maus ist Ihr wichtigstes Gerät zur Bedienung des Computers. Wird sie auf dem Schreibtisch bewegt, dann wandert auf dem Bildschirm ein Zeiger, der **Mauszeiger** mit.

Sie können mit der Maus auf Befehle und Symbole zeigen. Sie können diese Befehle ausführen lassen, und Sie können die Maus zum Verschieben von Elementen benutzen.

Die richtige Handhabung der Maus

Rücken Sie sich die Maus zurecht: die Maus sollte sich möglichst körpernah neben der Tastatur befinden. Als Unterlage verwenden Sie am besten ein sogenanntes Mousepad. Achten Sie auch darauf, dass Sie für Bewegungen mit der Maus genügend Platz auf dem Schreibtisch zur Verfügung haben. Befindet sich die Maus an der falschen Stelle, dann heben Sie sie einfach hoch und setzen sie in der Mitte der Unterlage wieder ab.

Als **Mousepad** bezeichnet man eine rutschfeste Unterlage, auf der die Maus bewegt wird

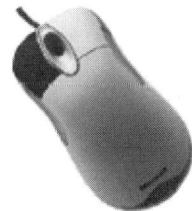

Eine Computermaus weist zwei Tasten und in der Regel ein Rädchen in der Mitte auf. Vorerst benötigen Sie nur die **linke** Maustaste, die Funktion der rechten Maustaste und das Rädchen werden später erklärt.

So nehmen Sie die Maus in die Hand

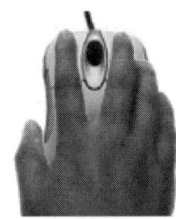

Legen Sie die rechte Handfläche so auf die Maus, dass der Zeigefinger auf der **linken** Taste und der Mittelfinger auf der rechten Taste liegt. Zeigefinger und Mittelfinger liegen locker auf den Tasten. Halten Sie die Maus mit den restlichen Fingern an der Seite fest.

Sie sollten die Maus blind bedienen können

Wichtig
Solange Sie die Maus benötigen, lassen Sie am besten den Zeigefinger auf der linken Maustaste liegen. So können Sie die Maus blind bedienen und sich besser auf den Bildschirm konzentrieren.

Mit der Maus zeigen

Der Mauszeiger wandert mit

Auf dem Desktop sehen Sie einen kleinen Pfeil, den Mauszeiger. Bewegen Sie nun die Maus langsam auf der Unterlage, ohne dass Sie dabei eine der Tasten drücken und beobachten Sie den Bildschirm: der Mauszeiger wandert mit. Stellen Sie sich vor, Ihr Mousepad wäre Ihr Bildschirm. Möchten Sie den Mauszeiger in die linke untere Ecke Ihres Bildschirms bewegen, so ziehen Sie Ihre Maus in Richtung linke Ecke Ihres Mousepads.

Zum Üben:

1. Bewegen Sie die Maus, bis der Zeiger auf das Windows Logo in der linken unteren Ecke des Bildschirms zeigt. Sofort erscheint das Wort Start. Auf diese Weise erhalten Sie auch Informationen zu den anderen Symbolen auf dem Desktop oder in der Taskleiste.

2. Zeigen Sie als nächstes für einige Sekunden auf die Uhrzeit in der unteren rechten Bildschirmecke. Das aktuelle Datum mit Angabe des Wochentages wird eingeblendet.

Informationen anzeigen

Tipp
Wollen Sie wissen, was ein Symbol bedeutet oder bewirkt, so zeigen Sie einfach mit der Maus darauf. Daraufhin erscheint fast immer ein kurzer Info-Text.

Klicken

Zeigen Sie nun mit der Maus auf eine beliebige, freie Stelle des Desktop und tippen Sie **einmal** kurz auf die **linke Maustaste**. Sie werden dabei ein leises Klickgeräusch hören, daher ist auch der Begriff "Klicken" oder "Mausklick" üblich.

Klicken = einmal auf die linke Maustaste tippen

Zum Üben:

Klicken Sie nun einmal kurz mit der linken Maustaste auf das Symbol Papierkorb. Das Symbol wird hervorgehoben, es ist **markiert**.

Klicken: Symbol markieren

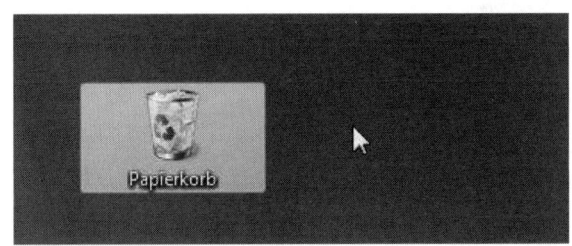

Das Symbol Papierkorb ist markiert

Die Markierung wird wieder aufgehoben, wenn Sie mit der Maus auf eine beliebige andere Stelle klicken.

Mit Gefühl klicken

Versuchen Sie nicht zu viel Druck auf die linke Maustaste auszuüben. Wenn Sie klicken, darf sich die Maus nicht bewegen, sonst wird der Befehl nicht ausgeführt. Je fester Sie mit dem Zeigefinger auf die Maustaste klicken, umso eher verschieben Sie damit auch die Maus. Halten Sie die Maus seitlich mit den restlichen Fingern fest und klicken Sie ganz leicht. Wenn nichts passiert, heben Sie kurz den Zeigefinger und lassen damit die linke Maustaste wieder los und versuchen es erneut.

Die rechte Maustaste

Wenn Sie mit der **rechten Maustaste** klicken, erscheinen alle Befehle, die gerade zur Verfügung stehen. Zeigen Sie einfach mit der Maus auf eine freie Stelle des Desktophintergrund und drücken Sie einmal kurz die rechte Maustaste.

rechte Maustaste

Es erscheint eine Liste von verschiedenen Befehlen, mit denen Sie das Aussehen des Desktop ändern können. So finden Sie hier beispielsweise einen Befehl zum Sortieren der Symbole. Eine Zusammenstellung von Befehlen wird in der EDV **Menü** genannt.

Menü: Eine Zusammenstellung von Befehlen

Möchten Sie ein Menü wieder ausblenden, **ohne** einen der Befehle auszuführen, so klicken Sie einfach mit der linken Maustaste auf eine freie Stelle des Desktop.

Menü soll wieder verschwinden

Kontextmenü =
rechte Maustaste

Mit der rechten Maustaste erhalten Sie immer nur Befehle, die im aktuellen Kontext verfügbar sind. Den Kontext, also das was Sie verändern möchten, bestimmen Sie durch die Stelle, an die Sie mit der rechten Maustaste klicken. Aus diesem Grund wird die Liste, die Sie erhalten, auch als **Kontextmenü** bezeichnet.

Wenn Sie mit der rechten Maustaste auf das Symbol PAPIERKORB klicken, erscheinen nur Befehle, die sich auf den Papierkorb beziehen.

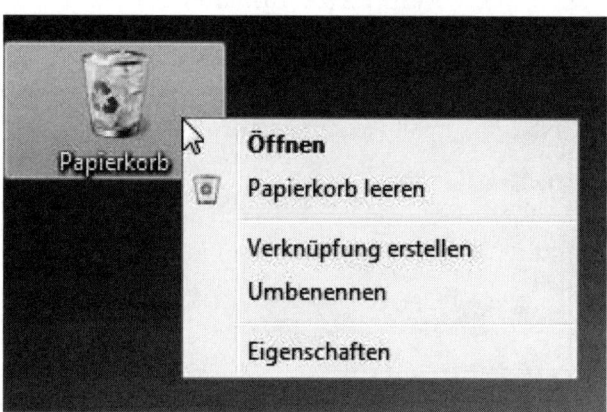

> **Tipp:**
> Die rechte Maustaste wird von Computer-Einsteigern vorerst nicht benötigt. Sie können sich daher für die nächsten Schritte auf die linke Maustaste konzentrieren.

Doppelklicken und Ziehen

Sie können mit der Maus noch weitere Aktionen ausführen, nämlich Doppelklicken und Ziehen.

Doppelklick

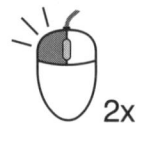

Dazu drücken Sie zweimal kurz hintereinander die linke Maustaste, achten Sie darauf, die Maus dabei nicht zu bewegen!

Ziehen

Zeigen Sie auf ein Symbol, drücken Sie dann die linke Maustaste und halten Sie die Taste gedrückt, während Sie die Maus bewegen. Auf diese Weise können Sie beispielsweise die Symbole auf dem Desktop verschieben.

Die verschiedenen Mauszeiger

Der Mauszeiger auf dem Bildschirm kann verschiedene Formen annehmen. Hier nur einige der wichtigsten:

 Normalerweise erscheint der Mauszeiger als Pfeil auf dem Bildschirm.

 Ein kleines Rädchen am Mauszeiger, beispielsweise nach dem Einschalten oder beim Starten von Programmen bedeutet, dass Ihr Computer im Hintergrund gerade beschäftigt ist.

 Manchmal erscheint anstelle des normalen Mauszeigers auch eine Hand. Derartige Textstellen und Befehle bezeichnet man auch als **Link** (Verweis) auf andere Inhalte.

Die Arbeit am Computer beenden

Einen Computer sollten Sie nie einfach am Gerät ausschalten. Mit dem richtigen Beenden vermeiden Sie Datenverlust oder Fehlermeldungen, wenn Sie den Computer das nächste Mal einschalten. Überlegen Sie, wann Sie mit der Arbeit am Computer fortfahren möchten und gehen Sie entsprechend vor:

Schalten Sie den Computer nicht am Gerät aus!

Optionen

Als **Herunterfahren** bezeichnet man das vollständige Beenden aller Programme einschließlich des Betriebssystems Windows. Anschließend werden PC und meist auch Monitor automatisch ausgeschaltet. Nicht gespeicherte Daten gehen dabei unwiderruflich verloren. Da nach dem Einschalten Windows wieder vollständig neu gestartet werden muss, dauert der Startvorgang wesentlich länger.

Benutzen Sie **Herunterfahren**, wenn Sie für heute nicht mehr am Computer arbeiten möchten

Energie sparen bedeutet, dass alle Einstellungen und Daten zwischengespeichert werden, Lüfter und Monitor schalten sich ab und der Stromverbrauch der übrigen Computerfunktionen wird auf ein Minimum reduziert. Zum Einschalten betätigen Sie einfach die Einschalt-Taste am Gerät, je nach Modell kann der Computer auch mit der Maus oder durch Drücken einer beliebigen Taste wieder aktiviert werden. Danach finden Sie den Computer wieder so vor, wie Sie ihn verlassen haben. Ein weiterer Vorteil: der PC wird sehr schnell gestartet.

Benutzen Sie **Energie sparen**, wenn Sie nach einer Pause wieder am Computer weiterarbeiten wollen

Benutzer wechseln: Ein anderer Benutzer möchte am Computer weiterarbeiten. Natürlich könnten Sie den Computer herunterfahren und der andere startet ihn wieder. Das dauert aber zu lange. Mit Benutzer wechseln melden Sie sich ab und die andere Person kann sich anmelden.

Neu starten bedeutet, dass das Betriebssystem heruntergefahren und anschließend sofort neu gestartet. Nachdem Sie Programme installiert haben, müssen Sie teilweise den Computer neu starten, um die Installation abzuschließen.

Immer speichern!

Egal für welche Variante Sie sich entscheiden, speichern Sie immer alle wichtigen Daten.

So gehen Sie beim Herunterfahren vor:

Start-Symbol

Klicken Sie auf
HERUNTERFAHREN

1. Zeigen Sie mit der Maus auf das Startsymbol links unten auf dem Bildschirm und klicken Sie (mit der linken Maustaste) auf die Schaltfläche. Es erscheint das Startmenü über das Sie nicht nur Programme starten, sondern auch Windows beenden können.

2. Den Schalter zum Herunterfahren finden Sie gleich unten rechts im Startmenü:

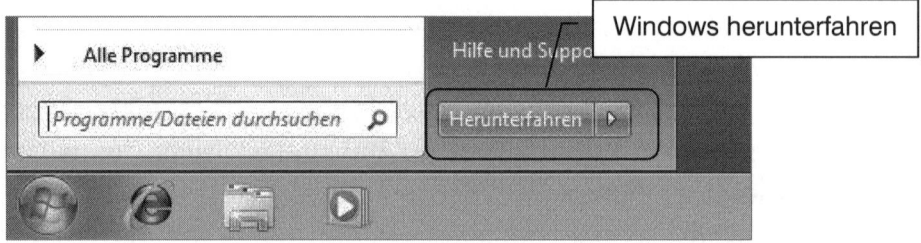

3. Nun zeigen Sie mit der Maus auf das Symbol und klicken erneut mit der linken Maustaste. Das Betriebssystem wird jetzt heruntergefahren und der Computer ausgeschaltet. Gegebenenfalls müssen Sie Ihren Monitor noch ausschalten.

Hier finden Sie die anderen Optionen:

1. Öffnen Sie das Startmenü und klicken Sie hinter der Schaltfläche Herunterfahren auf das weiße Dreieck.

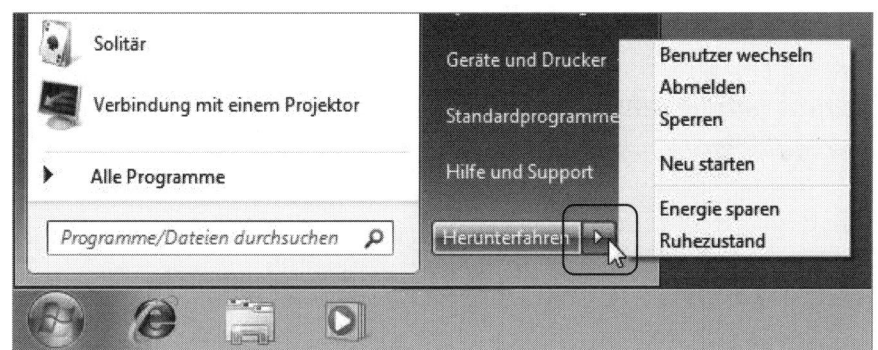

Anklicken, um Eintrag in der Liste auszuwählen

2. Bewegen Sie den Mauszeiger auf eine der Einträge im Listenfeld und klicken Sie einmal mit der linken Maustaste.

Herunterfahren – Besonderheit bei Laptops
Manche Laptops sind so eingestellt, dass Sie automatisch herunterfahren oder in den Energiesparmodus wechseln, wenn Sie den Deckel des Laptops schließen.

Ist der Computer auch wirklich ausgeschaltet?
Wenn Sie nicht sicher sind, so kontrollieren Sie die Kontrollleuchten am Gerät. Meist können Sie auch am Geräusch des Lüfters hören, ob der Computer noch eingeschaltet ist.

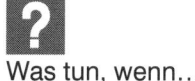

Ist der Computer wirklich ausgeschaltet?

Wenn sich der Computer nach dem Herunterfahren nicht automatisch ausschaltet?
Dann müssen Sie zum Ausschalten die Powertaste einige Sekunden lang gedrückt halten, ein kurzes Drücken genügt nicht.

Was tun, wenn…

3 Mit Programmen und Fenstern arbeiten

In dieser Lektion lernen Sie ...

- *wie Sie Programme starten und wieder beenden*
- *wie Sie mit Fenstern arbeiten*

Ein Programm starten und beenden

Zuerst müssen Sie ein Programm starten

Wenn Sie am Computer einen Brief schreiben oder Fotos betrachten wollen, dann müssen Sie für jede dieser Aufgaben ein entsprechendes Computerprogramm starten.

Auf den meisten Computern sind mehrere Programme für verschiedene Aufgaben bereits vorhanden, dies gilt auch für neue Computer, auf denen nur das Betriebssystem Windows 7 installiert ist. Mit Windows 7 erhalten Sie in der Programmgruppe Zubehör einige nützliche Programme:

- **WordPad**, ein Programm zum Schreiben, Bearbeiten und Drucken von Texten.
- **Paint**, ein einfaches Mal- und Zeichenprogramm, bei dem Sie die Maus zum Zeichnen verwenden.
- **Rechner**, ein kleiner Taschenrechner für einfache Berechnungen

Außerdem finden Sie auf Ihrem Computer **verschiedene Spiele**, darunter das beliebte Kartenspiel Solitär. Dabei haben Sie nicht nur Spaß, sondern können auch den Umgang mit der Maus üben.

Wichtig
Der Ablauf beim Starten von Programmen ist immer gleich, egal welches Programm Sie starten möchten.

Das Startmenü

Klicken Sie auf das Startsymbol

Zum Starten von Programmen brauchen Sie das Windows-Logo links unten in der Taskleiste. Bewegen Sie die Maus über den Desktop, bis der Mauszeiger auf das Symbol zeigt und klicken Sie mit der linken Maustaste. Das **Startmenü** wird geöffnet.

Das Startmenü enthält eine Zusammenstellung aller Programme, die auf einem Computer vorhanden sind und ermöglicht Ihnen den Zugang zu allen gespeicherten Daten. Die Bezeichnung Menü stammt daher, weil Sie wie bei einer Speisekarte die gewünschten Programme auswählen können. Jedes Programm ist mit einem eigenen Symbol gekennzeichnet. Das genaue Aussehen hängt ab vom Computer und den installierten Programmen, daher dürfte das Startmenü auf Ihrem Computer etwas anders aussehen als in der Abbildung.

Das **Startmenü** ist eine Zusammenstellung von Programmen

Im linken Bereich des Startmenüs listet Windows die Symbole häufig oder zuletzt benutzter Programme auf. Genauere Informationen zu einem Programm erhalten Sie , wenn Sie mit der Maus auf den Namen oder das Symbol eines Programms zeigen. Alle anderen Programme, die auf Ihrem Computer vorhanden sind, finden Sie über den Eintrag ALLE PROGRAMME.

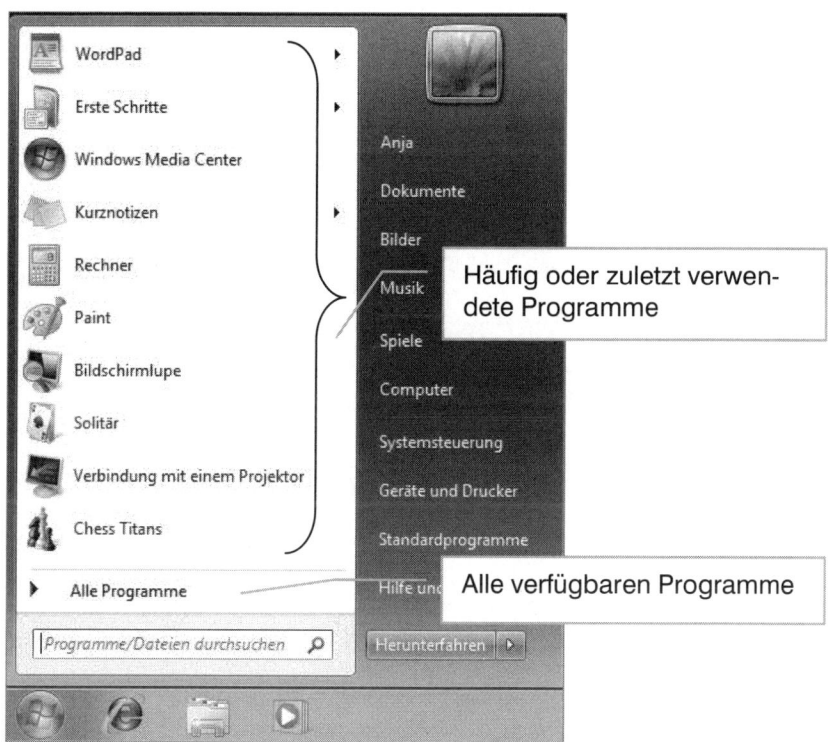

Das Programm Rechner starten

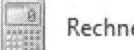 Rechner   Am Bcispicl dcs Programms Rechner (vergleichbar einem Taschenrechner) lernen Sie das Starten von Programmen.

Wenn sich das gesuchte Programm im Abschnitt der häufig benutzten Programme befindet ...

dann brauchen Sie nur mit der Maus darauf zeigen. Dadurch wird das Programm mit dem Symbol farbig hervorgehoben, es ist markiert. Jetzt müssen Sie noch die linke Maustaste drücken und das markierte Programm wird gestartet.

Zeigen Sie auf den
Rechner mit der
Maus und klicken
Sie einmal links

Ist das gesuchte Programm nicht in diesem Abschnitt enthalten …
dann müssen Sie den Eintrag ALLE PROGRAMME im Startmenü verwenden.

So geht's:

Zeigen Sie auf
ALLE PROGRAMME

1. Zeigen Sie mit der Maus im STARTMENÜ auf den Menüpunkt ALLE PRO-
GRAMME.

Sofort erscheint im linken Bereich des Startmenüs anstelle der häufig
benutzten Programme eine Liste von Programmen.

Programmgruppe

Um diese Liste übersichtlich zu halten, werden Programme, die zusam-
mengehören und eine Gruppe bilden, in Ordnern zusammengefasst. Daher sind zunächst die meisten Einträge mit einem gelben **Ordnersymbol**
versehen. Erst mit einem Mausklick auf den Namen der Gruppe oder auf
das Ordnersymbol werden darunter die dazugehörigen Programme angezeigt.

Internet Explorer
Programm, um im
Internet Seiten zu
betrachten

Einträge, vor welchen kein Ordnersymbol angezeigt wird, sind Programme und werden durch Anklicken mit der linken Maustaste gestartet.

2. Zeigen Sie nun auf den Ordner ZUBEHÖR und drücken Sie kurz die linke
Maustaste. Unterhalb des Ordnersymbols werden die einzelnen Programme mit Symbolen sichtbar.

Um das Programm Rechner zu starten, brauchen Sie jetzt nur noch auf
Eintrag zeigen und anschließend kurz die linke Maustaste drücken. Das
Programm wird gestartet und erscheint auf dem Desktop.

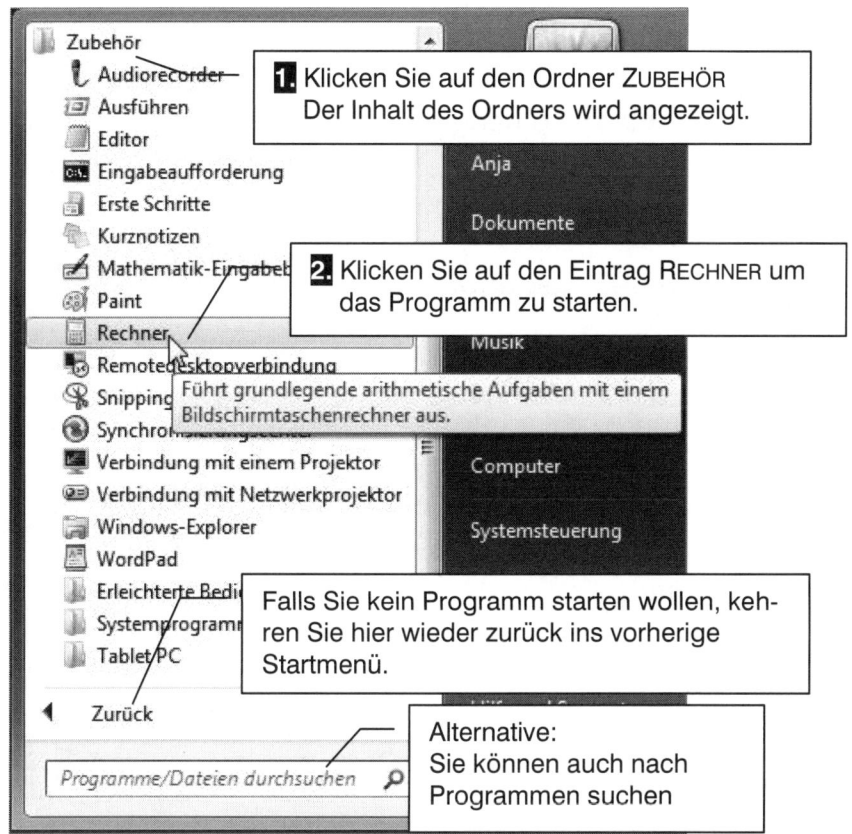

Sie müssen ein Programm nicht aus der Liste aller Programme auswählen. Wenn Sie den Namen des Programms wissen, können Sie auch danach suchen. Klicken Sie dazu einmal mit der linken Maustaste in das Feld PROGRAMME/DATEIEN DURCHSUCHEN am unteren Rand des Startmenüs und tippen "Rechner" ein. Im oberen Bereich wird dann der Rechner aufgeführt. Klicken Sie einmal mit der linken Maustaste auf den Eintrag.

Programme suchen

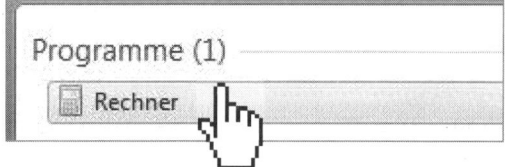

Wenn der Ordner Zubehör nicht erscheint

Sind auf Ihrem Computer sehr viele Programme installiert, so kann anstelle der vollständigen Liste nur ein Ausschnitt angezeigt werden. Bewegen Sie den Mauszeiger auf die Liste (nicht mit der Maus auf einen Eintrag klicken) und drehen Sie in diesem Fall einfach langsam das Rädchen der Maus. Damit verschieben Sie den sichtbaren Ausschnitt der Liste nach oben oder unten und weitere Ordner erscheinen.

 Was tun, wenn...

Was tun, wenn…

Wenn Sie wieder zum vorherigen Startmenü zurückkehren möchten

Dann klicken Sie einfach mit der linken Maustaste auf den Befehl ZURÜCK. Damit wechseln Sie zurück zum vorherigen Startmenü, ohne ein Programm zu starten.

Mit dem Programm Rechner arbeiten

Nach dem Starten erscheint der Rechner auf dem Desktop. Dieser Rechner enthält die gleichen Tasten und Anzeigeelemente wie ein normaler Taschenrechner.

Die Tasten des Rechners bedienen Sie mit der Maus

Die Tasten betätigen Sie durch Anklicken mit der Maus oder Sie benutzen die Tastatur Ihres Computers.

Den Schrägstrich / verwenden Sie zur Division, die Taste Stern * benutzen Sie zur Multiplikation, darunter finden Sie die Tasten + (Plus) und – (Minus).

Mit der Taste C (Clear) löschen Sie die Anzeige wieder.

Das Anzeigefeld

Die Grundrechenarten

Ein Programm beenden

Jedes Programm, dass Sie starten, öffnet sich in einem **Fenster**. Daher auch der Name Windows für das Betriebssystem (deutsch: Fenster).

Fenster schließen = Programm beenden.

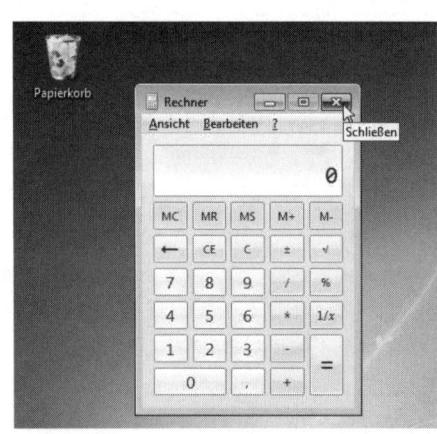

Jedes Fenster besitzt in der oberen, rechten Ecke ein Symbol, genauer gesagt eine Schaltfläche, mit der Sie das Fenster **schließen** können. Dadurch wird auch das Programm wieder beendet.

Das Symbol leuchtet rot auf, sobald Sie mit der Maus darauf zeigen und der Hinweistext SCHLIEßEN erscheint. Klicken Sie mit der linken Maustaste einmal auf dieses Symbol.

Der Umgang mit Fenstern

Da alle Programme und Meldungen innerhalb von Fenstern angezeigt werden, spricht man auch vom **Öffnen** eines Fensters, wenn Sie ein Programm starten. Der Aufbau der Fenster ist fast immer gleich, nur Größe und Position der meisten Fenster können vom Benutzer verändert werden.

Ein Programm starten = ein **Fenster öffnen**

Die wichtigsten Elemente eines Fensters lernen Sie am Beispiel des Programms WordPad kennen, einem Programm zum Schreiben von Texten.

Zum Starten des Programms klicken Sie zuerst auf das Startsymbol. Sollte sich das Programm WordPad (nicht zu verwechseln mit Microsoft Word) nicht im Bereich der zuletzt verwendeten Programme befinden, so zeigen Sie auf den Eintrag ALLE PROGRAMME und klicken auf den Ordner ZUBEHÖR.

Startmenü öffnen

 Dann klicken Sie mit der Maus auf das Programm WordPad. Windows öffnet ein Programmfenster auf dem Desktop.

Der Titel eines Fensters

Die Leiste am oberen Rand eines Fensters wird als Titelleiste bezeichnet. Sie enthält den Namen des Programms und in der rechten Ecke drei wichtige Symbole, bzw. Schaltflächen. Das Symbol rechts zum Schließen eines Fensters haben Sie bereits kennen gelernt.

Der **Titel** eines Fensters zeigt das Programm an, mit dem Sie gerade arbeiten

Mit diesen drei Symbolen können Sie nicht nur das Fenster schließen, sondern auch die Größe und Position des Fensters ändern.

Drei wichtige Symbole steuern die Fenstergröße

Das mittlere der drei Symbole kann auch anders aussehen. Die Darstellung verändert sich je nachdem, ob Ihr WordPad-Fenster den ganzen Bildschirm einnimmt oder nur einen Teil davon.

Ein Fenster vergrößern und verkleinern

Ein Fenster kann in verschiedenen Größen angezeigt werden oder auch den gesamten Bildschirm ausfüllen. Daher sieht das Fenster WordPad auf Ihrem Bildschirm wahrscheinlich anders aus, als in der Abbildung unten. Sehen Sie sich das **Symbol in der Mitte** genauer an:

Maximieren: das Fenster füllt den gesamten Bildschirm aus

Wie sieht das Symbol aus?

Maximieren

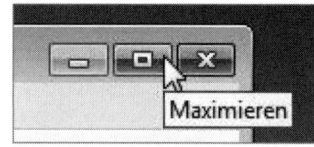

Dieses Aussehen bedeutet, Sie können mit einem Klick der linken Maustaste auf das Symbol das Fenster über den gesamten Bildschirm ausdehnen. Man bezeichnet dies als Fenster maximieren

Verkleinern

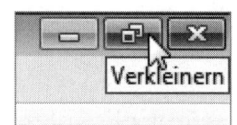

Sehen Sie statt dessen dieses Symbol, dann hat Ihr Fenster bereits die maximale Größe. Wenn Sie mit der linken Maustaste darauf klicken, verkleinern Sie das Fenster.

Ein Fenster ausblenden

Minimieren: Das Fenster wird ausgeblendet!

Sie können ein Fenster auf dem Desktop auch vorübergehend ausblenden **ohne** es dabei gleich zu schließen. Man bezeichnet dies auch als Minimieren eines Fensters. Dazu dient das linke der drei Symbole.

Sie minimieren ein Fenster, wenn Sie eine andere Aufgabe am Computer erledigen, zu einem späteren Zeitpunkt aber mit dem geöffneten Programm weiterarbeiten möchten. So ersparen Sie sich das erneute Starten des Programms.

Wie blenden Sie ein Fenster wieder ein?

Die **Taskleiste** zeigt alle geöffneten Fenster an

Haben Sie ein Fenster ausgeblendet oder minimiert? Dann werfen Sie einen Blick auf die **Taskleiste** am unteren Bildschirmrand. Die Taskleiste (Task, zu deutsch: Anwendung, Programm) zeigt alle geöffneten Fenster, bzw. Programme als Schaltfläche an.

WordPad-Schaltfläche   Taskleiste

Klicken Sie mit der linken Maustaste auf die WordPad-Schaltfläche, um das Fenster wieder in der ursprünglichen Größe auf dem Desktop darzustellen.

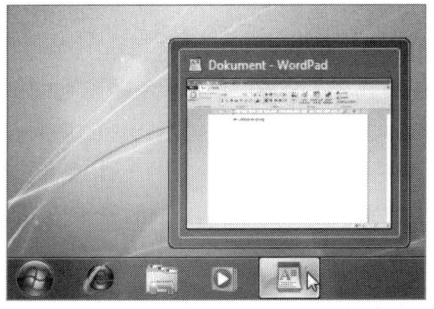
Ansicht mit Vorschau

Ansicht ohne Vorschau

Wenn Sie mit der Maus nur auf die Schaltfläche zeigen, so blendet Windows eine Miniaturvorschau ein.

Ich erhalte keine Vorschau!

Die Vorschau ist Teil der sogenannten Aero-Desktopdarstellung. Diese funktioniert nur unter bestimmten Voraussetzungen, z.B. ist die Ansicht abhängig von der gewählten Darstellung Ihres Desktops. Hierzu erfahren Sie im Kapitel 9 mehr.

Haben Sie keinen neuen Computer gekauft, sondern wurde Windows 7 nachträglich installiert, dann erfüllt Ihre Hardware unter Umständen nicht alle Anforderungen, um die Vorschau auszuführen. Ebenso ist es möglich, dass Programme, die Ihre Grafikkarte zum Arbeiten benötigt, nicht auf dem neuesten Stand der Technik sind. Letztendlich benötigen Sie die Miniaturvorschau nicht, um mit Ihrem Computer zu arbeiten.

? Vorschau erscheint nicht

Wenn ein Fenster plötzlich verschwindet

Dann haben Sie es vielleicht versehentlich ausgeblendet. Kontrollieren Sie immer zuerst die Taskleiste: wird das Fenster hier angezeigt, dann brauchen Sie es nur mit der linken Maustaste einmal anklicken. Sollte es hier nicht erscheinen, dann wurde das Fenster geschlossen und Sie müssen das Programm neu starten.

? Was tun, wenn …

Ein Fenster schließen

Möchten Sie ein Programm beenden, dann klicken Sie mit der linken Maustaste auf das rechte der drei Symbole. Damit schließen Sie das Fenster und beenden so das Programm. Werfen Sie nun einen Blick auf die Taskleiste. Nachdem Sie WordPad geschlossen haben, verschwindet ebenfalls die WordPad-Schaltfläche von der Taskleiste.

Schließen:
Ein Programm beenden

Ein Fenster verschieben

Ziehen mit gedrückter linker Maustaste

Nimmt das Fenster nicht den gesamten Bildschirm ein, dann können Sie es an eine andere Stelle des Desktops **verschieben**. Diese Aktion bezeichnet man auch als **Ziehen**. Sie verwenden diese Funktion, wenn das Fenster etwas verdeckt, was Sie gerne sehen würden. Am Beginn Ihres Arbeitens mit dem Computer werden Sie von dieser Möglichkeit eher selten Gebrauch machen. Sobald Sie etwas Sicherheit gewonnen haben, erleichtert es das Arbeiten erheblich, mehrere Fenster mit unterschiedlichen Informationen zu öffnen, zwischen diesen umzuschalten oder sie gemeinsam am Bildschirm anzuzeigen. Sehr schnell wird es unerlässlich, dass Sie Fenster verschieben können.

Fenster verschieben

So geht's:

Mauszeiger muss in der Titelleiste sein

1. Zeigen Sie mit der Maus in den **Titel** des verkleinerten Fensters. Der Mauszeiger wird als weißer Pfeil dargestellt.

2. Dann drücken Sie die linke Maustaste und halten die Taste gedrückt.

3. Jetzt bewegen Sie die Maus **ohne** die Taste loszulassen. Sie sehen, dass sich dabei das Fenster zusammen mit dem Mauszeiger über den Desktop bewegt.

4. Lassen Sie die Maustaste erst los, wenn sich das Fenster an der gewünschten Stelle befindet.

Halten Sie zum **Verschieben** oder **Ziehen** die linke Maustaste gedrückt

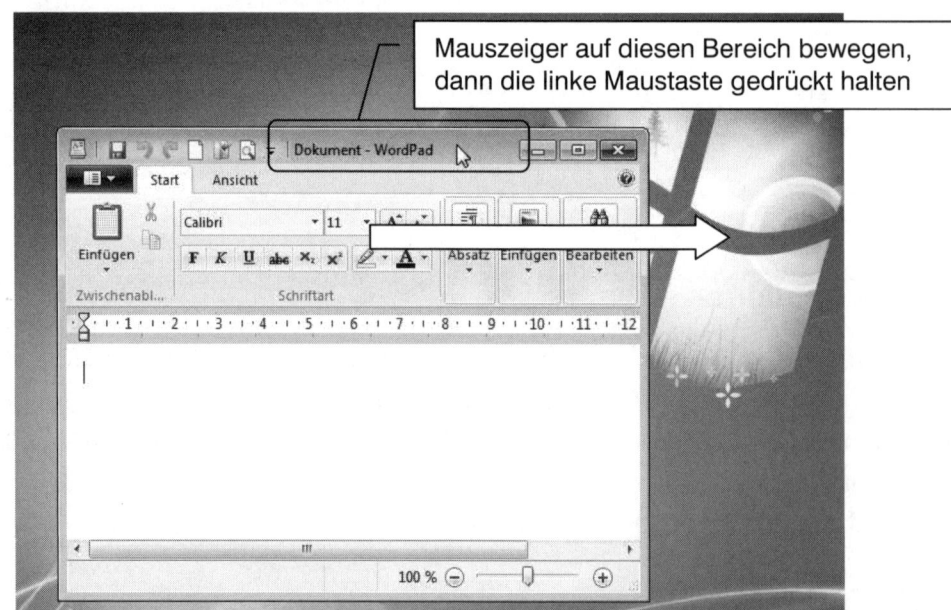

Mauszeiger auf diesen Bereich bewegen, dann die linke Maustaste gedrückt halten

Die Größe eines Fensters ändern

Haben Sie sich schon gefragt, warum die Fenster unterschiedlich groß sind? Die Größe der meisten Fenster kann durch Ziehen mit der linken Maustaste fast beliebig verändert werden.

So geht's:

1. Bewegen Sie den Mauszeiger an den rechten Rand des verkleinerten Fensters und beobachten Sie dabei den Mauszeiger. Der Zeiger ändert seine Form in einen **Doppelpfeil**.

Achten Sie auf den Mauszeiger!

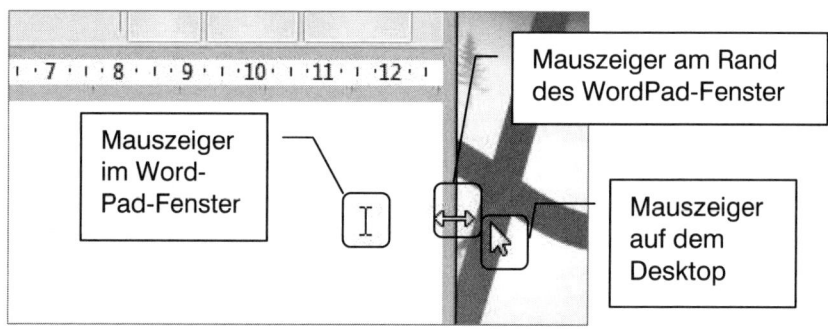

Das Verschieben des Mauszeigers an dieser Stelle ist Millimeterarbeit.

2. Drücken Sie erst die linke Maustaste, wenn Sie einen Doppelpfeil sehen. Halten Sie die Taste gedrückt und bewegen Sie gleichzeitig die Maus in eine der Pfeilrichtungen. Das Fenster wird entsprechend größer oder kleiner.

Halten Sie die linke Maustaste gedrückt

3. Lassen Sie die Maustaste los, wenn das Fenster die gewünschte Größe erreicht hat.

Dies funktioniert an alle Seiten Ihres Fensters:

Achten Sie auf den **Mauszeiger**! Sie können die Größe eines Fensters an jeder Stelle des Rahmens ändern

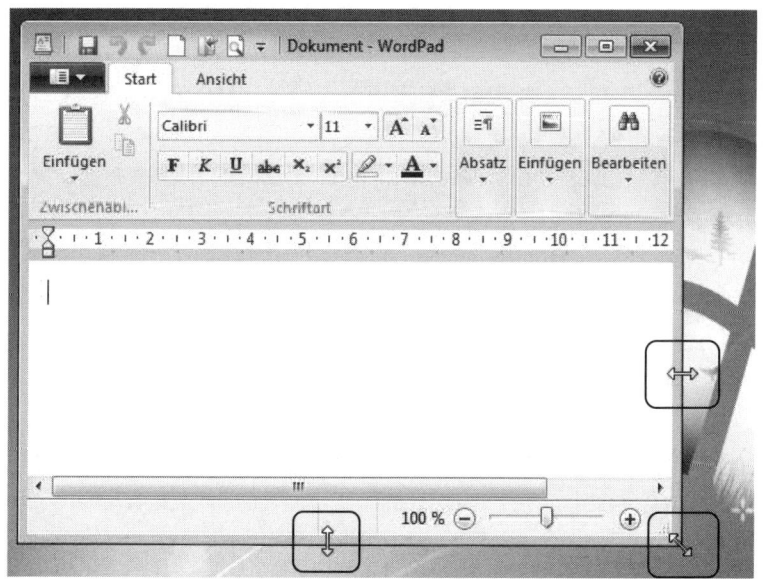

Über den oberen oder unteren Rand wird die Höhe des Fensters verändert, am rechten oder linken Rand ändern Sie die Breite. Befindet sich der Mauszeiger in einer der Ecken, werden Höhe und Breite des Fensters geändert.

Was tun, wenn …

> **Wenn's nicht funktioniert!**
>
> Diese Methode funktioniert nur, solange der Mauszeiger als Doppelpfeil sichtbar ist. Drücken Sie daher die Maustaste immer erst dann, wenn dieser Zeiger erscheint.
>
> Wenn ein Fenster den gesamten Bildschirm ausfüllt, also maximiert ist, dann können Sie es weder verschieben noch die Größe ändern.

Mehrere Programme gleichzeitig verwenden

Sie können ein Programm starten, **ohne** zuvor ein anderes zu beenden!

Manchmal ist es ganz nützlich, wenn man schnell von einem Programm zum anderen wechseln kann. Wenn Sie zum Beispiel gerade einen Brief schreiben und für kurze Berechnungen das Programm Rechner benötigen. Sie können problemlos nacheinander mehrere Programme starten, ohne vorher ein anderes Programm zu schließen.

Kontrollieren Sie die Taskleiste!

Welche und wie viele Programme gerade geöffnet sind, erfahren Sie mit einem Blick auf die Taskleiste. Da für jedes Programm ein eigenes Fenster geöffnet wird, brauchen Sie nur zwischen den Fenstern zu wechseln.

Ein kleines Beispiel zum Üben:

1. Starten Sie über das Startsymbol (START - ALLE PROGRAMME - ZUBEHÖR) das Programm WordPad.

2. Nun lassen Sie das WordPad Fenster geöffnet und starten über den gleichen Weg (START - ALLE PROGRAMME - ZUBEHÖR) das Programm Rechner.

Beide Symbole sind nun auf der Taskleiste zu sehen

3. Sie haben nun zwei Fenster gleichzeitig geöffnet. Kontrollieren Sie die Taskleiste! Je nach Größe und Position sind möglicherweise beide auch gleichzeitig auf dem Desktop sichtbar. Ist dies nicht der Fall, dann ist das Fenster im Hintergrund verdeckt.

4. Obwohl beide Programme geöffnet sind, können Sie immer nur mit demjenigen Programm arbeiten, das sich gerade im Vordergrund befindet. Man bezeichnet dieses Programmfenster auch als das **aktive Fenster**.

5. Wenn Sie mit einem der beiden Programme arbeiten möchten, dann genügt ein Mausklick auf den Titel oder einen anderen beliebigen Bereich innerhalb des gewünschten Fensters. Damit rückt dieses Fenster in den Vordergrund.

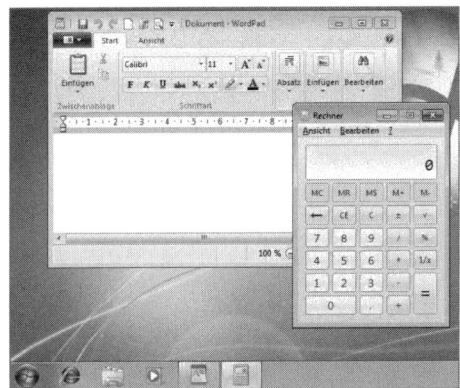

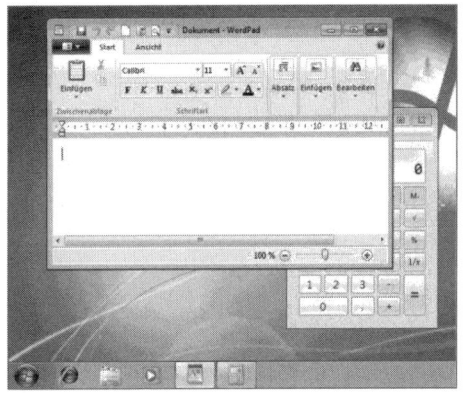

Der Rechner ist im Vordergrund. Er wird im aktiven Fenster dargestellt. Tippen Sie auf der Tastatur eine Zahl, erscheint diese im Rechner.

Klicken Sie nun einmal mit der linken Maustaste auf das WordPad-Fenster. Nun steht WordPad im Vordergrund und ist aktiv.

Geöffnete Programme

Die Miniaturvorschau

Wenn Sie den Mauszeiger auf eine der Schaltflächen auf der Taskleiste bewegen, erscheint auch noch die Miniaturvorschau. Verwechseln Sie nicht die Miniaturvorschau mit den geöffneten Programmen.

Wechseln zwischen Fenstern über die Taskleiste

Wird das Fenster im Hintergrund völlig verdeckt? Dann werfen Sie einen Blick auf die Taskleiste. Sobald Sie hier mit der Maus auf eine der beiden Programmschaltflächen klicken, holen Sie das Fenster wieder in den Vordergrund, es wird zum aktiven Fenster.

Die **Taskleiste** dient zum schnellen Wechseln zwischen mehreren geöffneten Fenstern

So geht's:

1. Maximieren Sie das WordPad-Fenster.

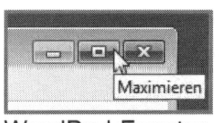

WordPad-Fenster maximieren

2. Das Programm Rechner ist verschwunden! Nein, tatsächlich liegt der Taschenrechner nur hinter dem WordPad-Fenster und wird von diesem verdeckt.

3. Auf der Taskleiste sehen Sie immer noch die Schaltfläche des Rechners.

Rechner erscheint

WordPad Schalt-
fläche anklicken

Wie viele Pro-
gramme gleichzei-
tig geöffnet sein
können, hängt
vom Umfang des
Arbeitsspeichers
ab

4. Klicken Sie mit der linken Maustaste einmal auf dieses Symbol. Der Rechner erscheint nun wieder vor dem WordPad-Fenster.

5. Wenn Sie wieder das WordPad-Fenster aktivieren möchten, klicken Sie entweder in das Fenster oder Sie klicken die Schaltfläche auf der Taskleiste an.

Noch mehr Programme öffnen

Sie können natürlich auch mehr als zwei Fenster gleichzeitig geöffnet haben und zwischen diesen hin und her wechseln.

Übung:

Öffnen Sie folgende Programme...

WordPad, Rechner und Paint: Diese befinden sich im STARTMENÜ, ALLE PROGRAMME im Ordner ZUBEHÖR.

Hearts und Solitär: Das sind zwei Kartenspiele, die Sie im STARTMENÜ, ALLE PROGRAMME im Ordner SPIELE finden.

Ihre Taskleiste sieht nun schon etwas voller aus. Die Reihenfolge der Symbole hängt von der Reihenfolge, in der die Programme geöffnet wurden ab.

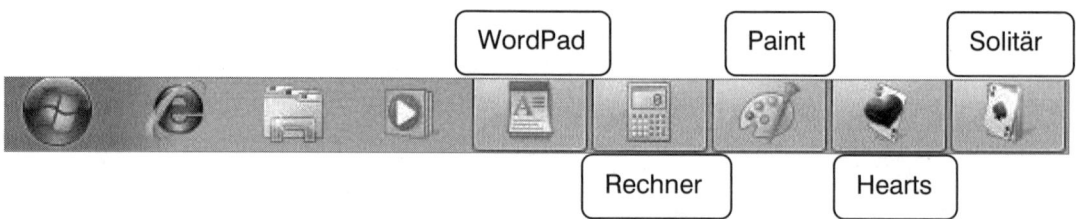

Klicken Sie auf die verschiedenen Schaltflächen auf der Taskleiste. Sie sehen, dass das entsprechende Programm im Vordergrund angezeigt wird.

Programme wie-
der schließen

Schließen Sie nun alle Programme wieder über die Schaltfläche SCHLIEßEN am rechten oberen Rand jedes Fensters. Nach jedem Schließen verschwindet ein Symbol von der Taskleiste.

Einige Symbole bleiben auf der Taskleiste?

Auf der Taskleiste befinden sich neben der Schaltfläche START standardmäßig drei Symbole für den Internet Explorer, den Windows Explorer und den Windows Media Player. Diese Symbole verbleiben auf der Taskleiste.

Dieser Bereich der Taskleiste dient dazu, wichtige Programme schnell zu starten, ohne das Startmenü zu benutzen. Die Programme sind momentan nicht geöffnet, außer Sie haben auf eines der Symbole geklickt. Dann wird das entsprechende Programm aufgerufen. Auch diese Programme schließen Sie über die Schaltfläche SCHLIEßEN am rechten Rand des Fensters.

Ein Programm zweimal öffnen

Sie können ein Programm z.B. WordPad oder den Windows Explorer auch mehrfach öffnen, um unterschiedliche Informationen anzuzeigen. Wichtig ist im Moment nur, dass Sie diesen Umstand auf der Taskleiste erkennen können.

	Programmsymbol: Fenster ist nicht geöffnet
	Das Symbol hat einen Rahmen, d.h. ein Windows Explorer ist geöffnet. Klicken Sie auf das Symbol, um das Fenster anzuzeigen.
	Das Symbol hat rechts eine weitere Umrandung, sozusagen eine zweite Seite. Der Windows Explorer ist zweimal geöffnet.

Wenn Sie den Mauszeiger auf die Schaltfläche auf der Taskleiste bewegen, erhalten Sie nun zwei Miniaturvorschauen. Durch Anklicken wechseln Sie zwischen den Fenstern.

Tipp	Vor dem Herunterfahren Programme schließen
In der Taskleiste erkennen Sie schnell, ob Sie ein Programm beendet, also das Fenster geschlossen haben oder ob es noch im Hintergrund geöffnet ist. Ein Blick auf die Taskleiste zeigt Ihnen vor dem Herunterfahren des Computers auch, ob Sie alle Programme beendet haben. Schließen Sie die Programme und fahren Sie dann den Rechner herunter.	

4 Text am Computer schreiben

In dieser Lektion lernen Sie ...

- *wie Sie mit dem Programm WordPad einen kurzen Text schreiben und korrigieren*
- *die Programmoberfläche von WordPad kennen*

Was Sie für diese Lektion bereits können sollten:

- *Umgang mit der Maus*
- *Programme starten und beenden*

Welches Programm?

Verwenden Sie zum Schreiben von Texten das Programm WordPad

Um einen Text am Computer zu schreiben, benötigen Sie ein Textverarbeitungsprogramm. Dieses ermöglicht Ihnen, Text einzugeben, zu verändern, das Geschriebene zu speichern und auszudrucken. Im Lieferumfang von Windows 7 ist das Textverarbeitungsprogramm WORDPAD enthalten. Es stellt alle nötigen Funktionen zum Verfassen und Bearbeiten von Texten zur Verfügung und ist für den Einsteiger bestens geeignet. Die Grundlagen der Textverarbeitung wie Texteingabe und Textkorrektur sind bei jedem Programm gleich.

Weitaus umfangreichere Möglichkeiten der Textbearbeitung bietet Ihnen z.B. das Programm MICROSOFT WORD 2007 oder der Nachfolger MICROSOFT WORD 2010 (voraussichtlich ab Juni 2010 im Handel erhältlich). Ein Alternative hierzu ist OPEN OFFICE.ORG. Dabei handelt es sich um ein Paket verschiedener Programme, das Sie kostenlos im Internet herunterladen können.

Auf einem neuen Computer kann unter Umständen eine Testversion von Microsoft Office 2007 bzw. 2010 installiert sein. Diese können Sie für einen begrenzten Zeitraum kostenlos nutzen, danach müssen Sie Microsoft Office erwerben, sofern Sie es weiterverwenden möchten.

WordPad starten

WordPad aufrufen

Wie Sie ein Programm starten, haben Sie in der letzten Lektion bereits gelernt. WORDPAD finden Sie in der Programmgruppe ZUBEHÖR über den Weg START (Windows Logo)- ALLE PROGRAMME - Ordner ZUBEHÖR - WORDPAD.

Maximieren Sie ggf. das Fenster

Nach dem Starten zeigt WordPad automatisch eine neue, leere Textseite an. Falls das Programmfenster nicht den gesamten Bildschirm ausfüllt, sollten Sie es maximieren, um die Größe des Bildschirms zu nutzen.

Wo erscheint mein Text?

Am Textanfang links oben sehen Sie einen senkrechten, blinkenden schwarzen Strich, die **Einfügemarke** oder Cursor. An der Position der Einfügemarke findet die Texteingabe statt.

Die Einfügemarke kennzeichnet die aktuelle Eingabeposition

Was tun, wenn …

Die Einfügemarke erscheint nicht auf meinem Blatt!

Nur wenn Sie die Einfügemarke auf Ihrem Blatt sehen, können Sie auch Text eingeben. Sollte die Einfügemarke nicht erscheinen, ist das WordPad-Fenster möglicherweise nicht aktiv. Um das Problem zu beheben, klicken Sie mit der linken Maustaste auf das weiße Blatt und die Einfügemarke erscheint.

Bewegen Sie nun den Mauszeiger auf das weiße Blatt. Der Mauszeiger ähnelt der Einfügemarke, enthält allerdings zwei begrenzende Querbalken. Während der Texteingabe benötigen Sie den Mauszeiger nicht. Falls er Sie irritiert, schieben Sie den Mauszeiger an den Rand des Programmfensters.

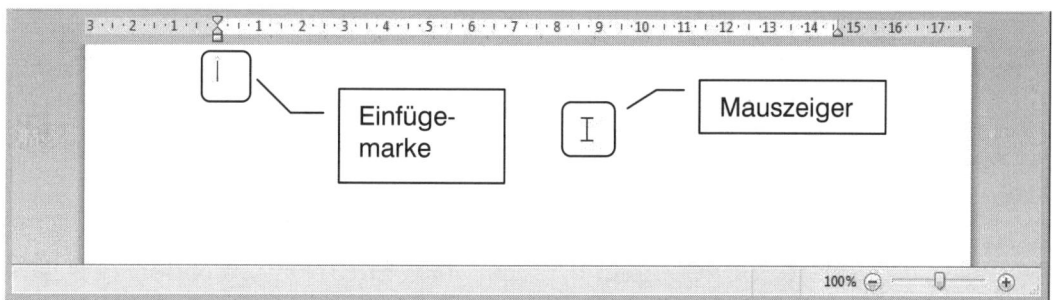

Zur Texteingabe brauchen Sie nur die Tastatur, die Position des Mauszeigers spielt dabei keine Rolle. Beginnen Sie einfach mit der Texteingabe und schreiben Sie einen kurzen Satz. Der Text erscheint auf dem Bildschirm an der **Position der Einfügemarke**, die Einfügemarke wird nach rechts verschoben.

Ignorieren Sie den Mauszeiger während der Texteingabe

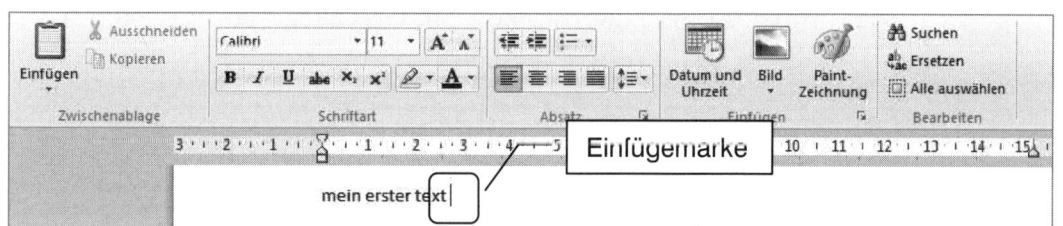

Wichtig!

Verwechseln Sie die Einfügemarke nicht mit dem Mauszeiger! Die Texteingabe erfolgt immer dort, wo sich die Einfügemarke gerade befindet.

Bei der Eingabe erscheint der Text immer an der **Position der Einfügemarke**

Großbuchstaben und Sonderzeichen

Mit den Buchstaben-Tasten der Tastatur tippen Sie Kleinbuchstaben. Um Großbuchstaben und weitere Zeichen auf der Tastatur zu schreiben, benötigen Sie noch andere Tasten.

⇧	Großbuchstaben erhalten Sie durch gemeinsames Drücken der **Umschalt-Taste** (oder Shift-Taste) und einer Buchstaben-Taste. Die Umschalt-Taste steht Ihnen sowohl links als auch rechts auf der Tastatur zur Verfügung.
⇩	Die **Feststell-Taste** (oder Caps Lock) rastet sozusagen ein und erzeugt eine dauerhafte Großschreibung. Gleichzeitig leuchtet ein Licht auf der Tastatur auf und macht Sie so darauf aufmerksam. Zum Ausschalten betätigen Sie nochmals die Feststell-Taste.
! 1	Sonderzeichen wie z.B. das Ausrufezeichen, der Strichpunkt oder das Prozentzeichen nennt man Zweitbelegungen, da sie sich als zweites Zeichen auf einigen Tasten oben befinden. Möchten Sie eines dieser Zeichen in Ihren Text einfügen, so benutzen Sie die Umschalt-Taste.
E € Q @	Weitere Sonderzeichen wie das Eurozeichen oder das At-Zeichen sind Drittbelegungen und befinden sich auf den einzelnen Tasten rechts unten. Das At-Zeichen (vom englischen at sign; auf deutsch auch oft umgangssprachlich Klammeraffe genannt) ist Bestandteil jeder E-Mail-Adresse. Beispiel: gabi.muster@t-online.de
Alt Gr	Um Drittbelegungen wie das Euro- oder das At-Zeichen zu tippen, müssen Sie zusätzlich die Alt Gr-Taste gedrückt halten.

Nach Drücken der Feststell-Taste können nur Großbuchstaben getippt werden

Zweitbelegung: Umschalt-Taste

Drittbelegungen: Alt Gr-Taste

Ignorieren Sie die Feststell-Taste

Tipp
Benutzen Sie, um Großbuchstaben zu tippen immer die Umschalt-Tasten. Diese müssen im Gegensatz zur Feststell-Taste nicht durch nochmaliges Drücken deaktiviert werden.

Obwohl ich die Umschalt-Taste und die Taste mit der 1 gedrückt habe, erscheint kein Ausrufezeichen...

Was tun, wenn ...

sondern trotzdem die 1. Dann haben Sie wahrscheinlich die Feststell-Taste aktiviert. Drücken Sie nochmals auf die Feststell-Taste und versuchen Sie es erneut.

Besonderheit bei Tasten mit Akzentzeichen:
Betätigen Sie eine Taste mit einem Akzentzeichen wird der Akzent nicht sofort im Textverarbeitungsprogramm dargestellt. Da der Akzent auf einen bestimmten Buchstaben geschrieben werden muss, wartet der Akzent sozusagen auf diesen Buchstaben. Erst wenn Sie einen Vokal drücken, wird der Akzent auf den Buchstaben gesetzt.

Erscheint ein Buchstabe gleich mehrmals hintereinander?

Dann haben Sie auf der Tastatur die Taste zu lange gedrückt, dadurch wird der Buchstabe automatisch solange wiederholt, bis Sie die Taste loslassen.

Zeilenschaltung

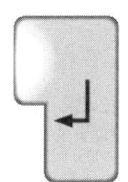

Um an den Anfang einer neuen Zeile zu gelangen, benötigen Sie die **Eingabe-Taste** (oder auch Return-Taste). Die Eingabe-Taste erzeugt eine neue Zeile und versetzt die Einfügemarke an ihren Anfang.

Die Eingabe-Taste fügt eine neue Zeile an.

Sie können die Eingabe-Taste auch mehrmals hintereinander drücken und so größere Abstände zwischen den einzelnen Textteilen erzeugen.

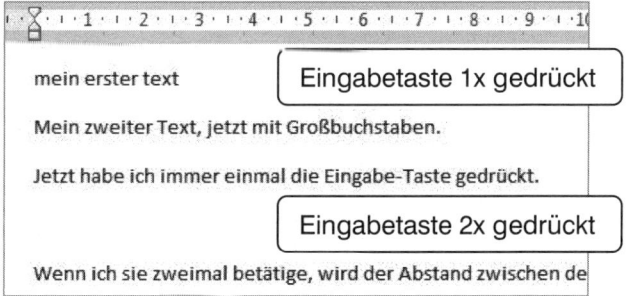

Automatischer Zeilenumbruch

Automatischer Zeilenumbruch bedeutet, Sie brauchen sich um das Ende einer Zeile nicht kümmern

Alle Textverarbeitungsprogramme sind in der Lage, das Ende einer Zeile zu erkennen und automatisch eine neue Zeile anzufügen. Dabei wird das Wort, welches nicht mehr in die Zeile passt, automatisch in die nächste Zeile verschoben. Sie müssen also nicht, wie früher auf der Schreibmaschine selbst in die nächste Zeile umschalten. Überlassen Sie diese Aufgabe Ihrem Textverarbeitungsprogramm und betätigen Sie die Eingabe-Taste nur dann, wenn Sie einen neuen Absatz beginnen möchten. So erhält auch der Text eine deutliche visuelle Gliederung.

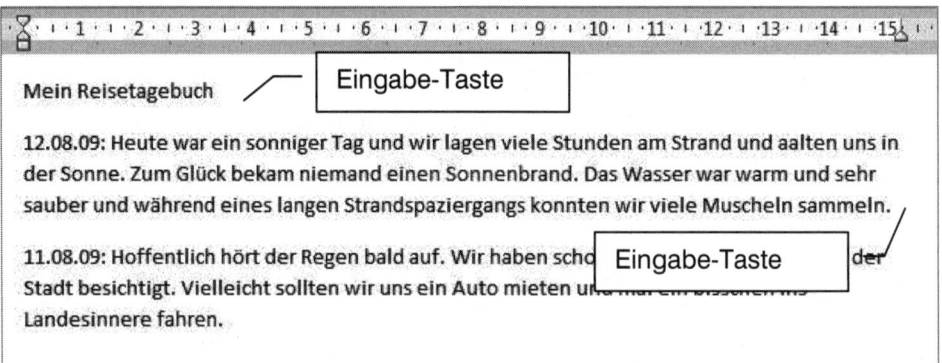

Zeilenende wird auf dem Lineal dargestellt

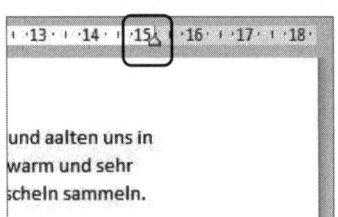

Das Zeilenende erkennen Sie an der Markierung auf dem Lineal, welches über dem Text angezeigt wird.

Wenn kein automatischer Zeilenumbruch erfolgt:

In den Standardeinstellungen von WordPad ist der automatische Zeilenumbruch aktiviert. Sollte der Text nicht automatisch am Zeilenende in die nächste Zeile verschoben werden, müssen Sie den automatischen Zeilenumbruch wieder einschalten. Informieren Sie sich zunächst über die Handhabung des Menübands am Ende dieses Kapitels.

So geht's:

1. Wählen Sie das Register ANSICHT durch Anklicken mit Maustaste aus.

2. Klicken Sie auf Zeilenumbruch, um das Listenfeld zu öffnen.

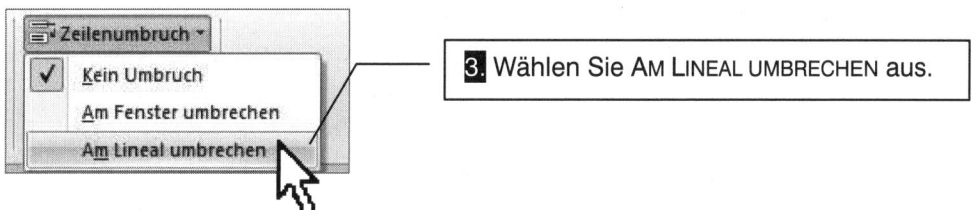

3. Wählen Sie AM LINEAL UMBRECHEN aus.

3. Klicken Sie mit der linken Maustaste im Listenfeld auf die Option AM LINE-AL umbrechen. Der Text wird jetzt wieder automatisch umgebrochen.

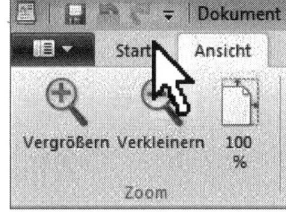

4. Kehren Sie auf das Register START durch Anklicken mit der linken Maustaste zurück.

Position der Einfügemarke verändern

Bis jetzt wanderte die Einfügemarke nach rechts, wenn Sie Text eingegeben und mit dem Drücken der Eingabetaste nach unten. Sie können die Position der Einfügemarke auch nachträglich verändern. Damit können Sie

- Wörter nachträglich in geschriebenen Text einfügen
- Buchstaben oder Wörter im Text löschen

Die Position der Einfügemarke lässt sich sowohl mit der Maus als auch mit der Tastatur verändern.

Mit der Maus

1. Bewegen Sie den Mauszeiger an die Stelle Ihres Textes, an die Sie die Einfügemarke versetzen möchten.

Mit der **linken Maustaste** versetzen Sie die Einfügemarke im Text

2.

I	Der Mauszeiger muss an dieser Stelle als Strich mit zwei Querbalken erscheinen.
	Sollte sich der Mauszeiger in einen weißen Pfeil verwandeln (am Zeilenanfang), müssen Sie den Mauszeiger näher an den Text bewegen.

3. Klicken Sie einmal mit der linken Maustaste an die gewünschte Stelle und die Einfügemarke befindet sich an der neuen Position.

Mit der Tastatur

Mit den **Pfeiltasten** der Tastatur bewegen Sie die Einfügemarke im Text

Die Einfügemarke kann auch über die Tastatur mit den so genannten **Pfeiltasten** an eine andere Stelle bewegt werden. Diese sind mit Pfeilen gekennzeichnet:

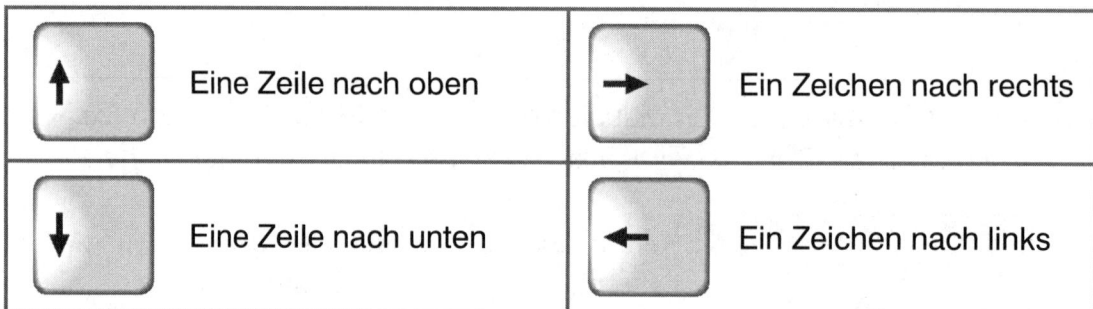

↑ Eine Zeile nach oben	→ Ein Zeichen nach rechts
↓ Eine Zeile nach unten	← Ein Zeichen nach links

Wenn Sie mehrmals auf die Pfeiltasten drücken, springt die Einfügemarke Zeile für Zeile bzw. Zeichen für Zeichen in die gewünschte Richtung. Bleiben Sie etwas länger auf den Pfeiltasten, bewegt sich die Einfügemarke sehr schnell in die entsprechende Richtung.

Die Einfügemarke kann nur im Text bewegt werden

Wichtig
Beachten Sie, dass Sie die Einfügemarke sowohl mit der Maus als auch mit der Tastatur immer nur innerhalb des Textes bewegen können. Damit Sie beispielsweise am Textende mit mehreren Leerzeilen Abstand weiterschreiben können, müssen Sie zuerst mit der Eingabe-Taste Leerzeilen anfügen.

Tippfehler korrigieren

Während der Eingabe

Tippfehler können gleich während der Eingabe mit der **Korrektur-Taste** berichtigt, beziehungsweise gelöscht und neu eingegeben werden.

Die **Korrektur-Taste** löscht Buchstaben links von der Einfügemarke

Die Korrektur-Taste befindet sich auf der Tastatur über der Eingabe-Taste und löscht einen oder mehrere Buchstaben **links von der Einfügemarke**. Vielleicht kennen Sie diese Taste auch von der Schreibmaschine. Manchmal bezeichnet man sie auch als Rückschritt-Taste (engl. Backspace).

Nachträglich löschen und korrigieren

Sofern Sie einen Fehler erst später entdecken, würden Sie allerdings mit oben dargestellter Vorgehensweise auch alle anderen (richtigen) Buchstaben zwischen der Position der Einfügemarke und dem Fehler löschen. Das muss nicht sein!

So geht's:

1. Einfügemarke positionieren. Klicken Sie mit der Maus hinter (rechts neben) den falschen Buchstaben. Die Einfügemarke befindet sich nun nicht mehr am Textende sondern an der angeklickten Stelle.

Klicken Sie mit der Maus hinter den Buchstaben

2. Buchstaben löschen. Drücken Sie nun auf der Tastatur die Korrektur-Taste. Der Buchstabe links vom Cursor wird gelöscht. Es bleibt keine Lücke, der restliche Text rückt einfach nach. Sie können auf diese Weise nicht nur einen, sondern auch nacheinander mehrere Buchstaben löschen.

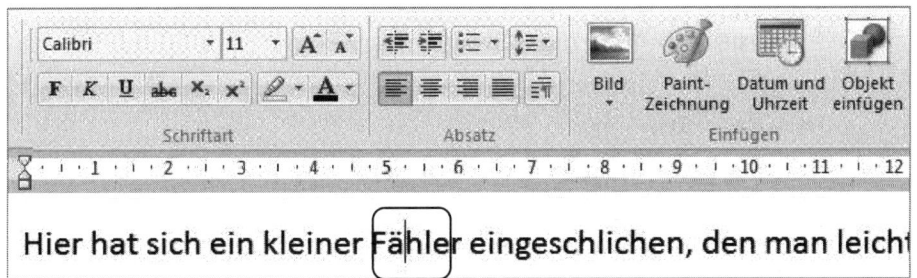

3. Neuen Buchstaben eingeben. Nun geben Sie den neuen Buchstaben, das *e*, über die Tastatur ein. Der Buchstabe wird an der Position der Einfügemarke eingefügt und der restliche Text wandert wieder nach rechts.

Geben Sie den neuen Buchstaben über die Tastatur ein

Einfügemarke wieder an das Ende des Textes versetzen

Einfügemarke nicht im Text belassen

Nachdem Sie einen Fehler korrigiert haben, steht die Einfügemarke nun mitten im Text. Dort wollen Sie wahrscheinlich nicht weiterschreiben. Also müssen Sie die Einfügemarke wieder mit der Maus oder den Pfeiltasten an das Ende des Textes versetzen, um weiteren Text anfügen zu können.

Alternative Taste zum Löschen von Text

Es gibt auf der Tastatur noch eine weitere Taste, mit der Sie Buchstaben löschen können, die Taste **Entf** (Entfernen). Auf manchen Tastaturen ist diese Taste auch englisch beschriftet mit **Del** (Abk. für delete = löschen).

Auch die Taste **Entf** löscht Zeichen

> **Tipp**
>
> Im Prinzip benötigen Sie diese Taste nicht. Sie können alle Zeichen mit der Korrektur-Taste löschen. Üben Sie zunächst das Löschen mit der Korrektur-Taste und wenden die Entf-Taste erst später an. Mit der Zeit werden Sie beide Tasten ganz selbstverständlich benutzen.

Wann verwende ich die Entf-Taste und wann die Korrektur-Taste

Die Verwendung der Korrektur-Taste bzw. der Entf-Taste ist abhängig von der Position der Einfügemarke in Bezug auf die fehlerhafte Textstelle.

Comb|uter ←	Die Einfügemarke steht hinter dem Fehler. Die Richtung, in die gelöscht werden soll, ist also nach links. Dazu benötigen Sie die **Korrektur-Taste**.
Comb|uter →	Die Einfügemarke steht vor dem Fehler. Die Richtung in die Sie löschen ist nach rechts. Dazu benötigen Sie die **Entf-Taste**.

Nachträglich Text einfügen

Sie können nachträglich nicht nur Buchstaben, sondern Wörter oder ganze Sätze an beliebiger Stelle im Text einfügen. Die Vorgehensweise ist immer gleich:

Klicken Sie zuerst mit der Maus an die gewünschte Stelle

So geht's:

1. Klicken Sie mit der Maus an die Stelle, an der Sie Text einfügen wollen. Die Einfügemarke blinkt nun an dieser Stelle.

2. Geben Sie den Text über die Tastatur ein. Bereits bestehender Text wird nach rechts verschoben.

3. Wollen Sie anschließend mit der Eingabe am Textende wieder fortfahren, so vergessen Sie nicht, dass Sie auch dann wieder an die gewünschte Stelle klicken müssen.

Was tun, wenn …

> **Wenn dabei geschriebener Text verschwindet,**
>
> dann haben Sie auf der Tastatur versehentlich die Taste **Einfg** (Einfügen) betätigt. Diese Taste schaltet den so genannten **Überschreibmodus** ein. Fügen Sie in diesem Modus neue Buchstaben innerhalb eines bestehenden Textes ein, werden die folgenden Buchstaben überschrieben. Zum Ausschalten des Überschreibmodus drücken Sie noch einmal die Einfg-Taste.

Die Taste **Einfg** aktiviert bzw. deaktiviert das Überschreiben von Text. Diese Taste sollten Sie nur dann drücken, wenn Sie den Überschreibmodus ausschalten wollen. Normalerweise arbeiten Sie immer im so genannten Einfügemodus, bei dem alle nachträglich eingegebenen Zeichen eingefügt werden.

Auf manchen Laptop-Tastaturen ist diese Taste auch englisch mit der Abkürzung **Ins** (Insert = Einfügen) beschriftet.

Es gibt auch noch den **Überschreibmodus**, bei dem vorhandener Text überschrieben wird

Zeilen nachträglich einfügen und löschen

Möchten Sie nachträglich über Ihrem Text eine Überschrift oder im Text einen Abstand einfügen? Durch Drücken der Eingabe-Taste auf der Tastatur erzeugen Sie immer eine leere Zeile **an der Stelle**, an der sich die Einfügemarke gerade befindet. Auf diese Weise kann an beliebiger Stelle eine neue Zeile eingefügt werden, der restliche Text wird nach unten verschoben.

Überschrift hinzufügen - so geht's:

1. Klicken Sie mit der linken Maustaste **vor** den ersten Buchstaben der ersten Zeile. An dieser Stelle blinkt jetzt die Einfügemarke.

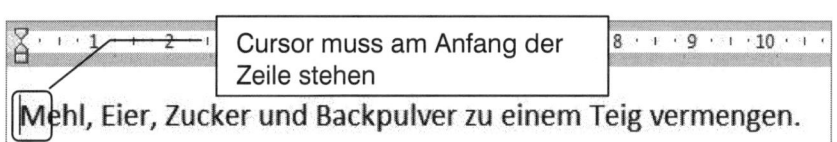

Cursor an den Anfang der Zeile versetzen

2. Nun drücken Sie auf der Tastatur die **Eingabe**-Taste. Der restliche Text wandert eine Zeile tiefer, darüber erscheint eine leere Zeile.

3. Klicken Sie jetzt mit der Maus in die neu eingefügte Leerzeile, um die Einfügemarke hier zu positionieren. Geben Sie dann auf der Tastatur eine Überschrift ein.

Text durch leere Zeilen trennen

So geht's

1. Setzen Sie den Cursor mit einem linken Mausklick zwischen die Sätze, die Sie durch einen Absatz trennen möchten.

Cursor an die ge-
wünschte Position
im Text versetzen

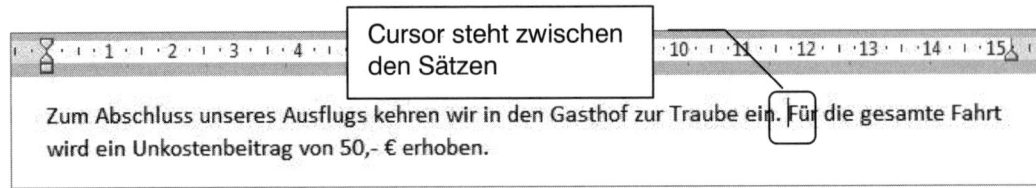

2. Betätigen Sie die Eingabe-Taste und setzen Sie dann den Cursor wieder an das Ende des Absatzes, um weiterzuschreiben.

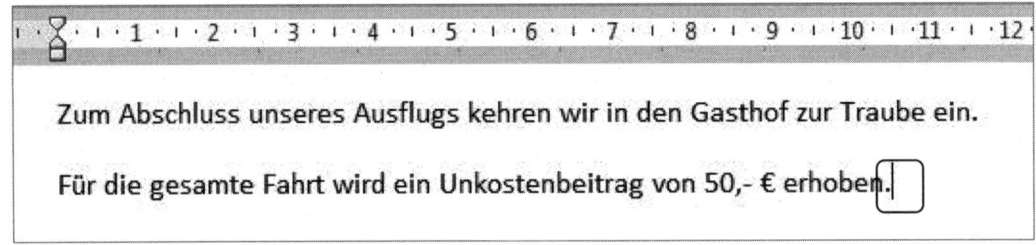

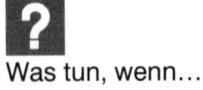

Was tun, wenn…

Wenn plötzlich mitten im Wort eine neue Zeile beginnt,
dann haben Sie auf der Tastatur die Eingabe-Taste gedrückt, während sich die Einfügemarke an der falschen Stelle, beispielsweise in einem Wort befand. Zur Abhilfe löschen Sie den Zeilenumbruch. Wie's geht, lernen Sie gleich im nächsten Abschnitt.

Leerzeilen löschen

Sind im Text die Abstände zwischen den Absätzen zu groß? Dann haben Sie zu viele Leerzeilen eingefügt, die sich aber wieder löschen lassen.

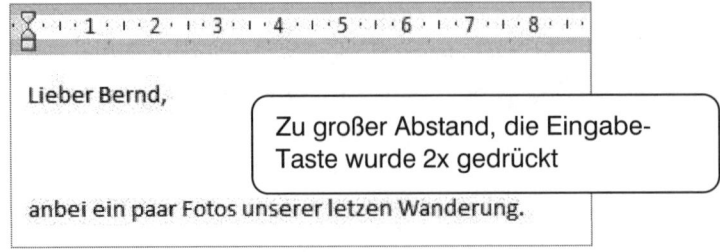

So geht's

1. Versetzen Sie durch Klicken mit der Maus die Einfügemarke in die leere Zeile.

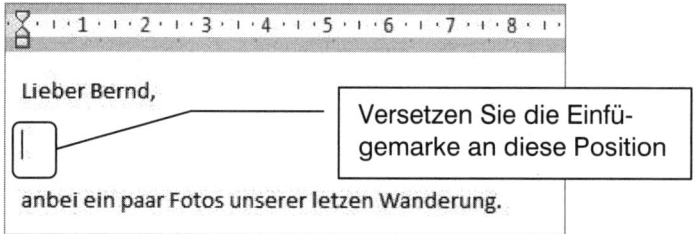

2. Jetzt können Sie die Leerzeile löschen. Aufgrund der Position der Einfügemarke können Sie die **Entf**-Taste oder auch die **Korrektur**-Taste verwenden.

3. Der Text rutscht nach oben. Vergessen Sie nicht, den Cursor wieder an das Ende des Textes zu versetzen, bevor Sie weiterschreiben.

Entf-Taste oder Korrektur-Taste löschen die leere Zeile

Zeilenschaltung löschen

Neue Absätze und damit eine neue Zeile, werden durch Drücken der Eingabetaste erzeugt. In obigem Beispiel haben Sie eine Zeilenschaltung, genauer gesagt einen Absatz gelöscht. Manchmal drückt man die Eingabe-Taste an Stellen, an denen man gar keine Zeilenschaltung einfügen wollte. Dann kann der Text so aussehen:

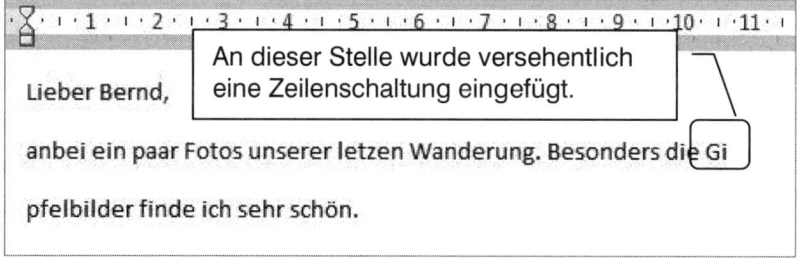

Natürlich können Sie die Zeilenschaltung wieder löschen.

So geht's

1. Versetzen Sie die Einfügemarke an das Ende der Zeile.

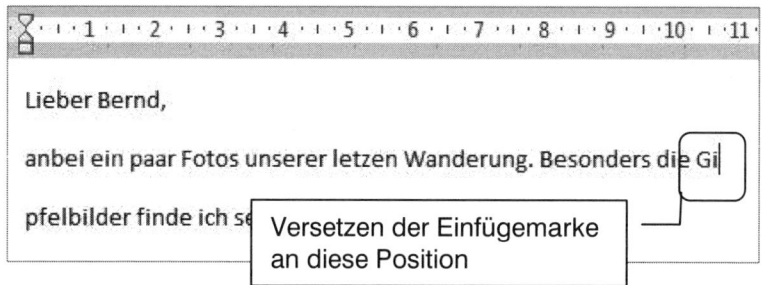

Mit der Entf-Taste
löschen

2. Drücken Sie die Entf-Taste. Der Text der unteren Zeile rutscht nun nach oben.

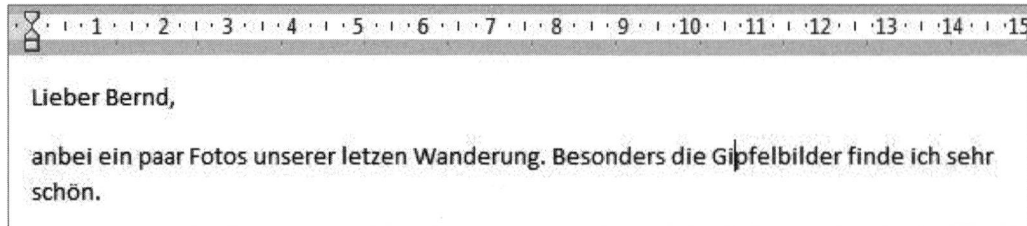

3. Vergessen Sie nicht, die Einfügemarke wieder an das Ende des Textes zu versetzen.

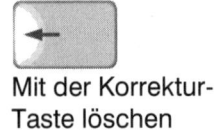

Mit der Korrektur-
Taste löschen

Sie können eine Zeilenschaltung auch mit der Korrektur-Taste löschen. Dazu müssen Sie die Einfügemarke allerdings an eine andere Position versetzen.

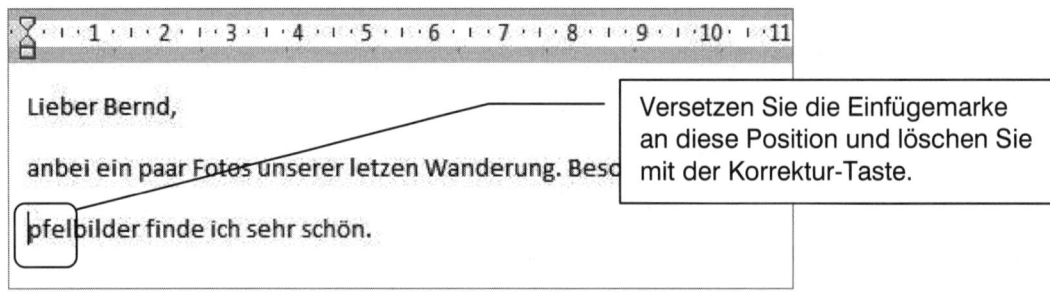

WordPad beenden

Sie haben Ihren ersten Text geschrieben, allerdings haben Sie diesen noch nicht auf der Festplatte Ihres Computers gespeichert. Im Kapitel 5 erfahren Sie, wie Sie Ihren Text speichern können. Schreibübungen müssen Sie nicht unbedingt speichern. Sie können WordPad auch ohne zu speichern beenden. Dabei wird das Programm geschlossen und Ihr Text geht verloren.

So geht's:

Programm been-
den

1. Klicken Sie zum Beenden auf das Symbol Schließen.

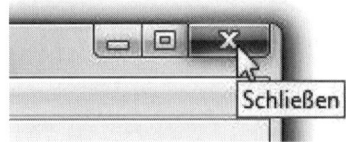

2. Wenn der Text noch nicht gespeichert wurde, so erscheint eine Rückfrage, ob Sie diesen Text, bzw. Ihre Änderungen speichern wollen.

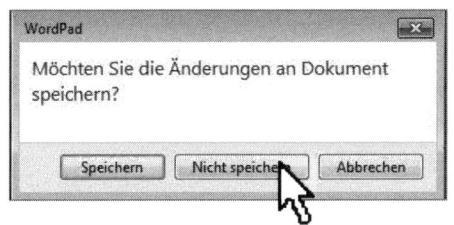

Möchten Sie das Programm einfach nur beenden, ohne zu speichern, so klicken Sie mit der Maus auf die Schaltfläche NICHT SPEICHERN.

Klicken Sie mit der Maus auf eine der drei Schaltflächen

Was bedeuten die Schaltflächen in der Meldung?

Speichern	Klicken Sie auf die Schaltfläche SPEICHERN, so wird der Text gespeichert.
Nicht speichern	WordPad wird beendet, der Text wird nicht gespeichert und ist damit endgültig gelöscht.
Abbrechen	ABBRECHEN bewirkt, dass überhaupt nichts passiert: der Text wird nicht gespeichert und WordPad wird nicht beendet. Sie benutzen diese Schaltfläche, wenn Sie aus Versehen auf die Schaltfläche SCHLIEẞEN geklickt haben und eigentlich noch weiterschreiben möchten.

Die Programmoberfläche von WordPad

Jetzt da Sie schon etwas mit WordPad gearbeitet haben, sollten Sie die Elemente des Programmfenster genauer kennenlernen. WordPad besitzt verschiedene Leisten über die Sie durch Anklicken notwendige Befehle auswählen können. Öffnen Sie WordPad, um die einzelnen Teile der Programmoberfläche genauer zu betrachten.

Befehle durch Anklicken der einzelnen Symbole auswählen

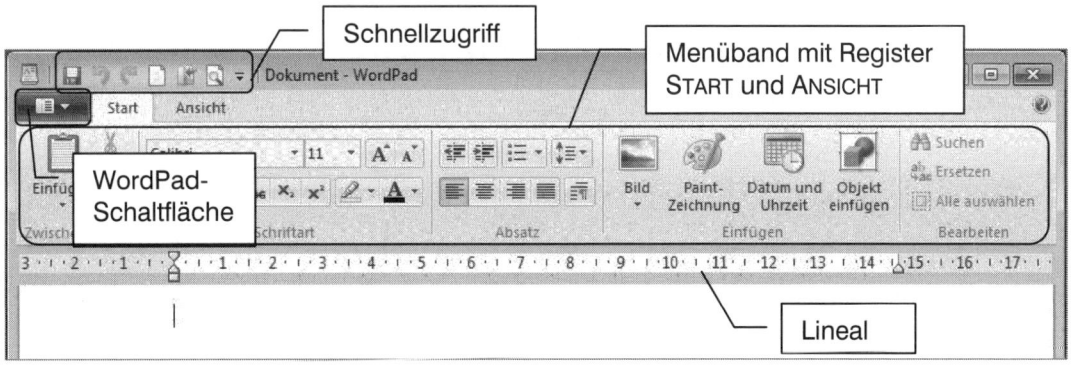

WordPad-Schaltfläche

Über die WordPad-Schaltfläche gelangen Sie zu den wichtigen Befehlen SPEICHERN und DRUCKEN.

Sie öffnen die WordPad-Schaltfläche, indem Sie mit der linken Maustaste auf die Schaltfläche klicken.

Menüband

Menüband besteht aus zwei Registern: START und ANSICHT

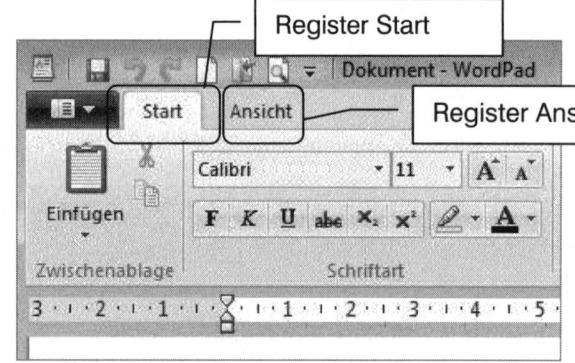

Register START ist ausgewählt und sein Inhalt wird auf dem Menüband angezeigt.

Menüband wird auch als **Multifunktionsleiste** bezeichnet

Das Menüband besteht aus zwei Registern; dem Register START, welches standardmäßig angezeigt wird und dem Register ANSICHT.

Wechseln der Register durch Anklicken mit der Maus

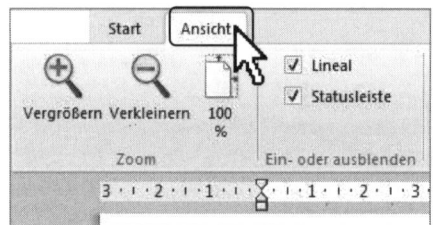

Sie wechseln zum Register ANSICHT, indem Sie mit der linken Maustaste einmal auf das Wort ANSICHT klicken. Das Menüband zeigt nun den Inhalt des Registers ANSICHT an.

Das Menüband ist in Gruppen unterteilt

Die beiden Register sind außerdem in verschiedene Gruppen unterteilt. Auf dem Register START finden Sie z.B. die Gruppe SCHRIFTART. Hier sind alle Symbole zusammengefasst, die es Ihnen ermöglichen, Text zu verändern z.B. ein Wort zu unterstreichen oder eine andere Schriftfarbe auszuwählen.

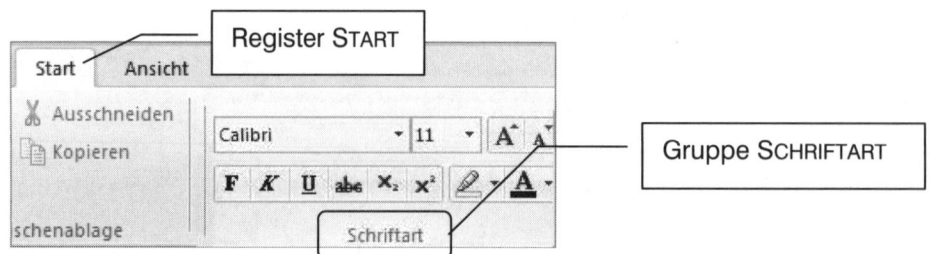

Schnellzugriff

 Im Bereich Schnellzugriff befinden sich wichtige Befehle, die Sie häufig benötigen, z.B. die Diskette zur Speicherung.

Sie sollten den Schnellzugriff unbedingt um einige Befehle erweitern. Das erleichtert Ihnen das Arbeiten.

Schnellzugriff erweitern

So geht's:

1. Klicken Sie mit der linken Maustaste auf das schwarze Dreieck des Schnellzugriffs. Dadurch öffnet sich eine Liste mit weiteren Befehlen.

Klicken, um die Liste des Schnellzugriffs anzuzeigen

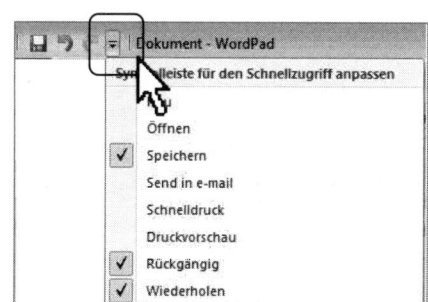

Befehle, die mit einem Haken versehen sind, befinden sich bereits auf dem Schnellzugriff.

2. Fügen Sie nun dem Schnellzugriff den Befehl NEU hinzu. Sie finden ihn gleich als ersten Befehl in der Liste.

Befehl anklicken, um Ihn hinzuzufügen

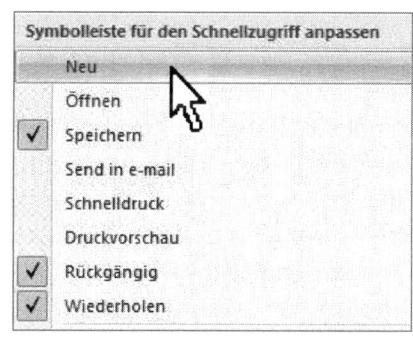

Dazu bewegen Sie den Mauszeiger auf NEU und klicken einmal mit der linken Maustaste.
Der Befehl NEU ermöglicht es Ihnen ein neues, leeres, weißes Blatt in WordPad aufzurufen.

3. Wiederholen Sie Schritt 1 und 2 und wählen nacheinander ÖFFNEN und DRUCKVORSCHAU aus.

Der Schnellzugriff wurde um drei Symbole erweitert.

Ihr Schnellzugriff sollte jetzt so aussehen

Der Text im WordPad-Fenster ist zu klein.

Sie haben Schwierigkeiten den Text am Bildschirm zu lesen? Dann benutzen Sie die Zoom-Funktion, um die Ansicht des Textes zu vergrößern.

So geht's:

1. Am rechten unteren Rand Ihres WordPad-Fensters finden Sie den Zoom.

Klicken, um Ansicht zu vergrößern

2. Klicken Sie mit der linken Maustaste auf das Plus-Zeichen. Dadurch vergrößert sich die Textansicht. Klicken Sie so oft auf das Plus-Zeichen bis der Text in einer angenehmen Größe angezeigt wird.

3. Möchten Sie die Ansicht wieder etwas verkleinern, klicken Sie auf das Minus-Zeichen.

Buchstaben werden nicht vergrößert

Die Größe der Buchstaben im Ausdruck ändert sich nicht, auch wenn es zunächst den Anschein hat. Die Zoom-Funktion ist vergleichbar mit dem Teleobjektiv einer Kamera. Sie holen sozusagen die Buchstaben näher an sich heran, ohne deren tatsächliche Größe zu verändern. Möchten Sie dagegen Text in größerer Schrift drucken, so finden Sie hierzu Erläuterungen in Kapitel 7.

Sieht WordPad auf Ihrem Bildschirm anders aus?

Das Menüband fehlt

Das Menüband kann minimiert werden. Dadurch wird es nur sichtbar, wenn Sie auf eines der Register klicken und verschwindet wieder sobald Sie Text eingeben. Sie können die Minimierung des Menübandes aufheben.

So geht's:

Anklicken, um Liste des Schnellzugriffs zu öffnen

4.  Öffnen Sie die Liste des Schnellzugriffs durch Anklicken des schwarzen Dreiecks mit der linken Maustaste.

5. [✓ Menüband minimieren] Vor MENÜBAND MINIMIEREN finden Sie einen Haken, d.h. die Minimierung ist aktiv.

6. Klicken Sie auf MENÜBAND MINIMIEREN. Das Menüband erscheint wieder dauerhaft.

Der Schnellzugriff ist nicht am richtigen Platz

Die Position des Schnellzugriffs kann vom Benutzer festgelegt werden. Entweder befindet er sich über dem Menüband oder darunter.

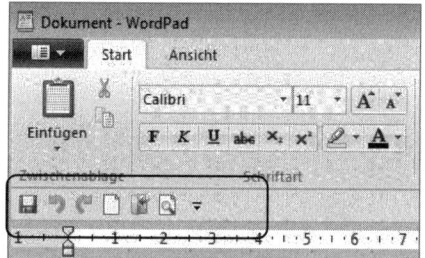

unter dem Menüband

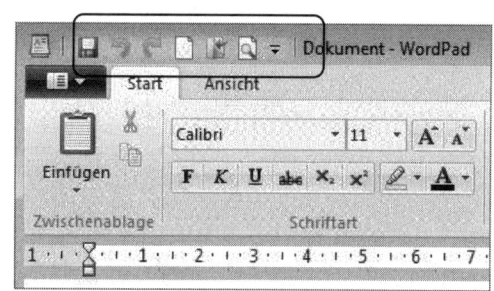

über dem Menüband

Um die Position des Schnellzugriffs zu ändern klicken Sie im Schnellzugriff auf das schwarze Dreieck und öffnen damit das Listenfeld. Klicken Sie dann mit der linken Maustaste auf das Feld ÜBER DEM MENÜBAND ANZEIGEN.

Anklicken, um Liste des Schnellzugriffs zu öffnen

Das Lineal fehlt

Klicken Sie mit der Maus im Menüband auf das Register ANSICHT. Dort erhalten Sie die Möglichkeit das Lineal ein- oder auszublenden.

Dieser Haken bedeutet, ein Element ist sichtbar

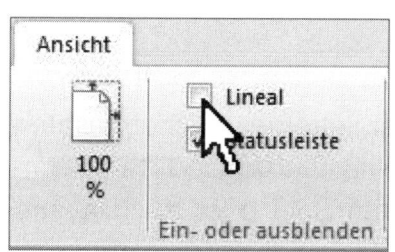

Ein fehlender Haken vor dem Befehl LINEAL bedeutet das Lineal ist ausgeblendet. Zum Einblenden klicken Sie mit der linken Maustaste einmal in das Kästchen vor LINEAL. Damit wird ein Haken gesetzt und das Lineal aktiviert.

Die Symbole auf dem Menüband sehen anders aus.

Die Symbole auf dem Menüband verändern sich abhängig davon, ob das Word-Pad-Fenster den ganzen Bildschirm ausfüllt oder nur einen Teil.

Im Teilbildmodus werden die einzelnen Symbole auf dem Menüband verkleinert, z.B. wird das Symbol für Ausschneiden im Teilbildmodus auf eine Schere reduziert.

Anzeige im Vollbildmodus

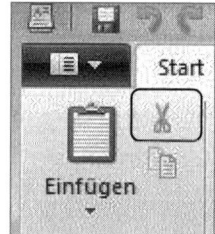

Anzeige im Teilbildmodus

5   Speichern und Öffnen

In dieser Lektion lernen Sie …
- *wie Sie einen Text speichern*
- *wie Sie gespeicherten Text wieder auf den Bildschirm holen.*

Was Sie für diese Lektion bereits können sollten:
- *Programme starten und beenden*
- *Text eingeben und korrigieren*

Was bedeutet Speichern?

Speichern: Daten für längere Zeit auf der Festplatte speichern

In der letzten Lektion haben Sie Text eingegeben, aber nicht dauerhaft gespeichert. Was Sie auf dem Bildschirm in WordPad sehen, geht verloren, sobald Sie das Programm beenden oder, was manchmal vorkommt, das Programm abstürzt. Höchste Zeit also, einen Text auch für einen längeren Zeitraum auf der Festplatte zu speichern! Dann können Sie den Computer herunterfahren, ohne dass Ihre Daten verloren gehen.

Was ist eine Datei?

?

Als **Datei** bezeichnet man alle Daten, die auf einem Computer gespeichert sind

Auf einem Datenträger, beispielsweise auf der Festplatte gespeicherte Daten bezeichnet man als Dateien. Jede Datei bildet eine Einheit und kann zum Beispiel aus einem Foto, einem Musikstück, einem Brief oder auch einem längeren Text bestehen. Die Größe einer Datei ist unterschiedlich und reicht von etwa 25 KB (Kilobyte) für einen Brief bis zu großen Datenbanken mit mehreren GB (Gigabyte).

Dateinamen

Die Verwaltung von Dateien ist eine der wichtigsten Aufgaben eines Betriebssystems. Damit keine Verwechslungen passieren und Sie Ihre Daten auch wieder finden, braucht jede Datei einen eindeutigen Namen, vergleichbar einem Etikett. Diesen Namen müssen Sie beim Speichern auf jeden Fall angeben.

Wie lange bleibt eine Datei gespeichert?

Dateien können auch wieder gelöscht werden

Sie können entscheiden, wie lange Ihre Daten gespeichert bleiben. Eine Datei kann von ihrem Besitzer auch wieder von der Festplatte entfernt, also gelöscht werden.

Eine Datei speichern

Text eingeben

Zunächst benötigen Sie einen Text, den Sie speichern können. Öffnen Sie WordPad und schreiben einige Zeilen.

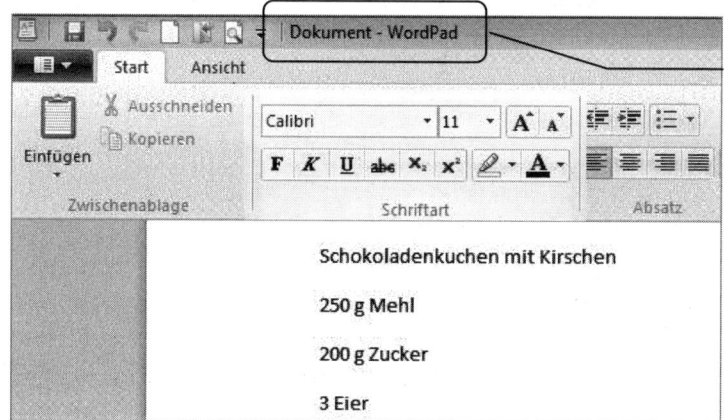

Text ist noch nicht gespeichert

Geben Sie einen Text ein

Beachten Sie die Information am oberen Rand des WordPad-Fensters. An der Bezeichnung DOKUMENT erkennen Sie, das Ihr WordPad-Text noch nicht gespeichert wurde.

Dokument ist eine allgemeine Bezeichnung für Texte

Text speichern, so geht's:

1. Klicken Sie im Schnellzugriff auf das blaue Diskettensymbol. Das Dialogfenster SPEICHERN UNTER wird geöffnet. Vor dem Speichern werden einige Angaben benötigt.

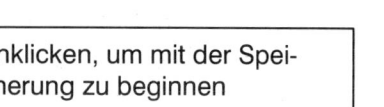

Anklicken, um mit der Speicherung zu beginnen

Schnellzugriff

Diskettensymbol anklicken, um zu speichern

2. Dateiname eingeben: Im unteren Bereich des Fensters finden Sie eine Zeile, in die Sie den Dateinamen eingeben. Hier steht zunächst entweder die Bezeichnung Dokument oder die ersten Worte Ihres geschriebenen Textes. Meist ist der Inhalt der Zeile hervorgehoben, also bereits markiert. Dann wird durch Eintippen des Dateinamens der Inhalt einfach überschrieben.

Tippen Sie einen Namen für Ihre Datei ein

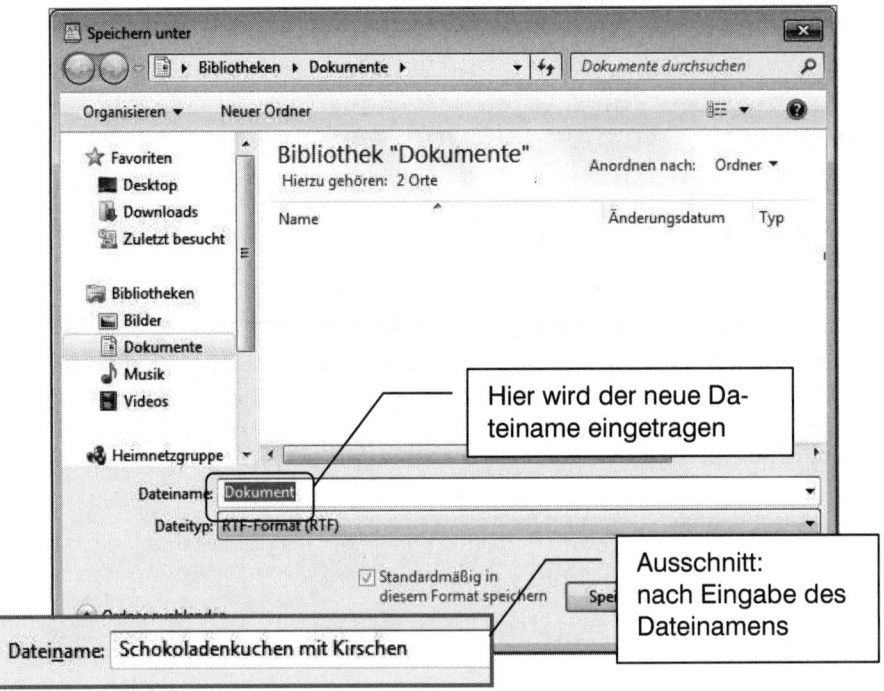

Zur Eingabe des Dateinamens benötigen Sie nur die Tastatur nicht die Maus

Tipp: Vor Eingabe des Dateinamens nicht mit der Maus klicken!

Ein Mausklick entfernt die Markierung (den blauen Hintergrund) des Wortes Dokument. Ist das Wort nicht mehr markiert, wird es nicht mehr einfach überschrieben, sondern muss gelöscht werden. Um unnötige Arbeit zu ersparen, gilt: Sofort nach Erscheinen des Fensters SPEICHERN UNTER tippen Sie über die Tastatur den Namen der Datei ein.

Sollte das Wort DOKUMENT nicht markiert sein, klicken Sie mit der Maus in die Eingabezeile, löschen den Inhalt und geben anschließend einen Dateinamen über die Tastatur ein.

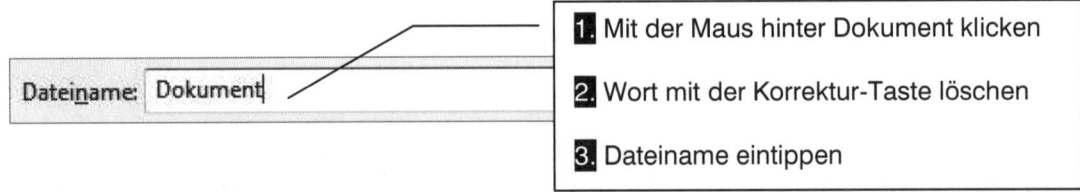

1. Mit der Maus hinter Dokument klicken

2. Wort mit der Korrektur-Taste löschen

3. Dateiname eintippen

Was ist bei Dateinamen zu beachten?

Regeln für Dateinamen

Ein Dateiname kann aus mehreren Worten bestehen. Sie dürfen Buchstaben, Ziffern, Leerzeichen, Punkt und Bindestrich verwenden, nur die folgenden Sonderzeichen dürfen nicht benutzt werden: " / \ | < > : ? *

Wählen Sie aussagekräftige Dateinamen, die später Rückschlüsse auf den Inhalt zulassen. Denken Sie auch an zukünftige Dateien, die Sie speichern werden. Möchten Sie ein einziges Kochrezept auf Ihrem Computer abspeichern, reicht als Dateiname Rezept. Werden es mehr, dann sollten Sie eine genauere Bezeichnung wählen.

3. **Speicherort wählen:** Jetzt müssen Sie noch einen Speicherort wählen. Damit legen Sie fest, wo Sie den gespeicherten Text später wieder finden. Dateien werden in Ordnern gespeichert; ähnlich dem Einheften eines Blatt Papiers in einen Ordner. Zum Speichern von Texten steht Ihnen beispielsweise der Ordner DOKUMENTE zur Verfügung.

Zur Verbesserung der Übersichtlichkeit und Organisation aller Dateien wurden unter Windows 7 sogenannte BIBLIOTHEKEN eingeführt. Diese fassen thematisch ähnliche Ordner zu einer Einheit zusammen. Eine solche Einheit bildet die Bibliothek DOKUMENTE. Wichtig ist im Moment nur, dass Sie die richtige Bibliothek auswählen. Genauere Informationen zum Umgang mit Bibliotheken und Ordner finden Sie in Kapitel 6.

Wahrscheinlich wird die BIBLIOTHEK DOKUMENTE als Speicherort vorgeschlagen. Sie finden den ausgewählten Speicherort im oberen Bereich des Fensters. Falls die BIBLIOTHEK DOKUMENTE nicht als Speicherort angezeigt wird, wählen Sie diese durch Anklicken mit der Maus im linken Bereich des Fensters aus.

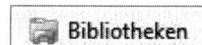

Texte legen Sie in der Bibliothek DOKUMENTE ab

Bibliotheken fassen verschiedene Ordner zusammen

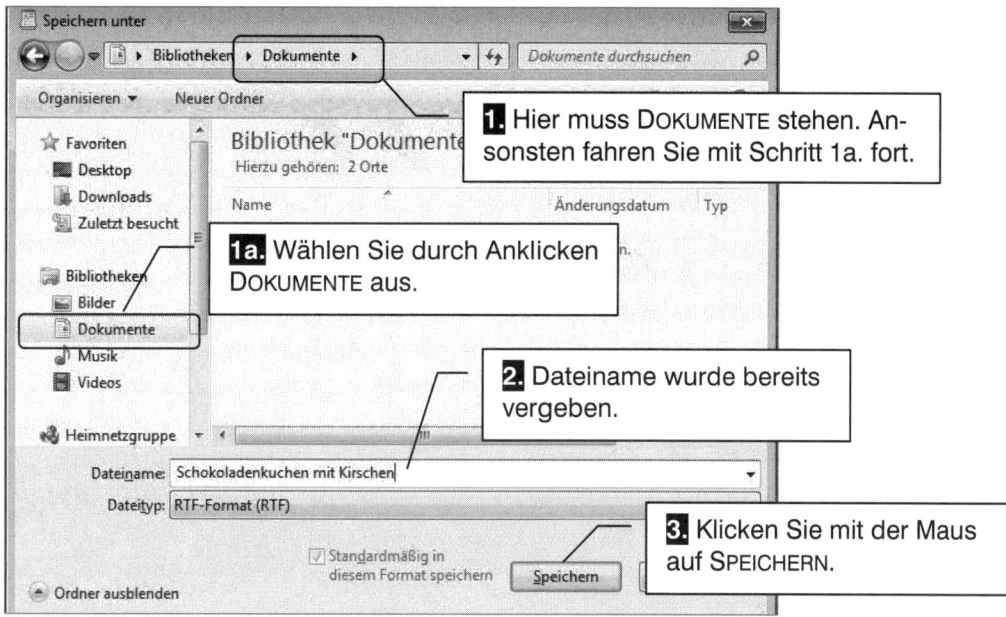

4. **Speichern bestätigen:** Jetzt müssen Sie das Speichern nur noch bestätigen. Dazu klicken Sie mit der Maus einmal auf die Schaltfläche SPEICHERN. Der Text wird gespeichert und das Dialogfenster geschlossen.

Wichtig zu wissen!

Dateien, die am selben Speicherort abgelegt werden sollen, dürfen nicht denselben Dateinamen haben. Möchten Sie also noch ein Rezept "Schokoladenkuchen mit Kirschen" speichern, müssen Sie den Dateinamen etwas verändern, z.B. "Schokoladenkuchen mit Kirschen II".

Was tun, wenn…

Vielleicht sieht das Dialogfenster SPEICHERN UNTER etwas anders aus:

Kontrollieren Sie zunächst, ob Sie auch wirklich im Dialogfenster SPEICHERN UNTER sind. Es kommt vor, dass man aus Versehen auf ein anderes Symbol im Schnellzugriff geklickt hat.

Unter Umständen wird nicht das gesamte Dialogfenster angezeigt. Über die Schaltfläche ORDNER DURCHSUCHEN blenden Sie den Rest des Fensters ein.

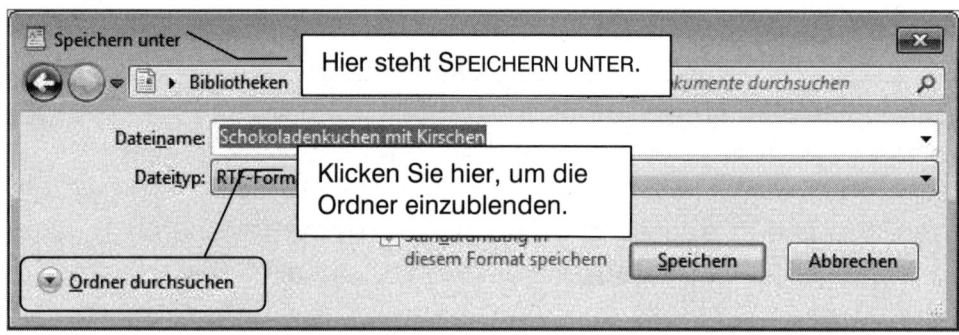

Im **Titel** des Fensters können Sie kontrollieren, ob die Datei wirklich gespeichert ist

Ist der Text wirklich gespeichert?

Ob der Text wirklich gespeichert ist, überprüfen Sie mit einem Blick auf den Titel im WordPad-Fenster. Hier erscheint nach dem Speichern der von Ihnen eingegebene Dateiname.

Das Programm beenden

Programm beenden

Jetzt können Sie WordPad schließen, Ihr Rezept ist auf der Festplatte Ihres Computers gespeichert.

SPEICHERN

Erscheint beim Beenden eine Meldung zum Speichern der Änderungen?

Dann haben Sie seit dem letzten Speichern noch weitere Änderungen am Text vorgenommen, die noch nicht gespeichert sind. Dabei muss es sich nicht um Text handeln, es genügt schon, wenn Sie einmal die Leertaste gedrückt haben. In diesem Fall klicken Sie auf die Schaltfläche SPEICHERN. Damit stellen Sie sicher, dass Ihr gesamter Text, so wie er auf dem Bildschirm erscheint, gespeichert ist. Nachdem Sie auf die Schaltfläche SPEICHERN geklickt haben, wird WordPad beendet.

Änderungen am Dokument werden durch Anklicken der Schaltfläche SPEI-CHERN gespeichert.

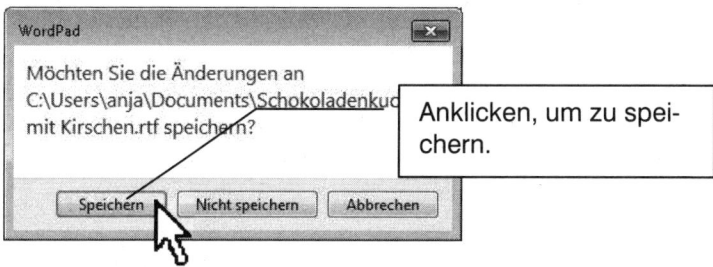

Tipp

Speichern Sie zum Üben eine Datei mit dem Titel "Schokoladenkuchen mit Kirschen". Im nächsten Kapitel wird erläutert, wo genau dieses Dokument abgespeichert ist. So sehen Sie am Bildschirm das Gleiche wie in den Abbildungen im Buch.

Gespeicherten Text wieder am Bildschirm anzeigen

Sie haben gelernt, wie man Text speichert. Nun ist es natürlich wichtig, zu erfahren, wie Sie den gespeicherten Text wieder am Bildschirm ansehen können, um beispielsweise weiteren Text hinzuzufügen. Diesen Vorgang bezeichnet man auch als das **Öffnen** einer Datei.

Datei öffnen: eine gespeicherte Datei wieder auf dem Bildschirm anzeigen lassen

So geht's:

1. Starten Sie WordPad. WordPad zeigt eine neue leere Seite an.

2. Klicken Sie im SCHNELLZUGRIFF auf das Symbol ÖFFNEN. Dieses haben Sie, wie im Kapitel 4 gezeigt, dem Schnellzugriff hinzugefügt.

Dieses Symbol öffnet eine gespeicherte Datei

Symbol ÖFFNEN mit der linken Maustaste anklicken

Tipp – Welches ist das richtige Symbol?

Verbleiben Sie mit dem Mauszeiger kurz auf dem Symbol, ohne zu klicken. Die sogenannte Quickinfo öffnet sich und zeigt seine Funktion an.

Quickinfo hilft das richtige Symbol zu finden

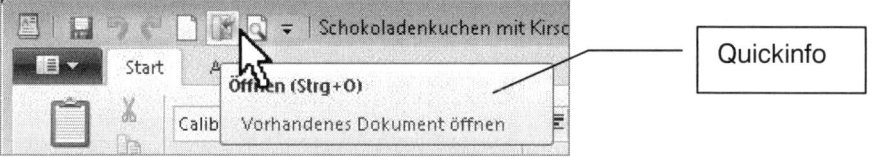

Quickinfo

3. **Bibliothek auswählen**: Das Dialogfenster ÖFFNEN wird aufgerufen. Wahrscheinlich wird der Inhalt der Bibliothek DOKUMENTE bereits angezeigt und Sie sehen die gespeicherte Datei. Ist dies nicht der Fall, dann klicken Sie im Bereich Bibliotheken links im Fenster mit der Maus auf DOKUMENTE.

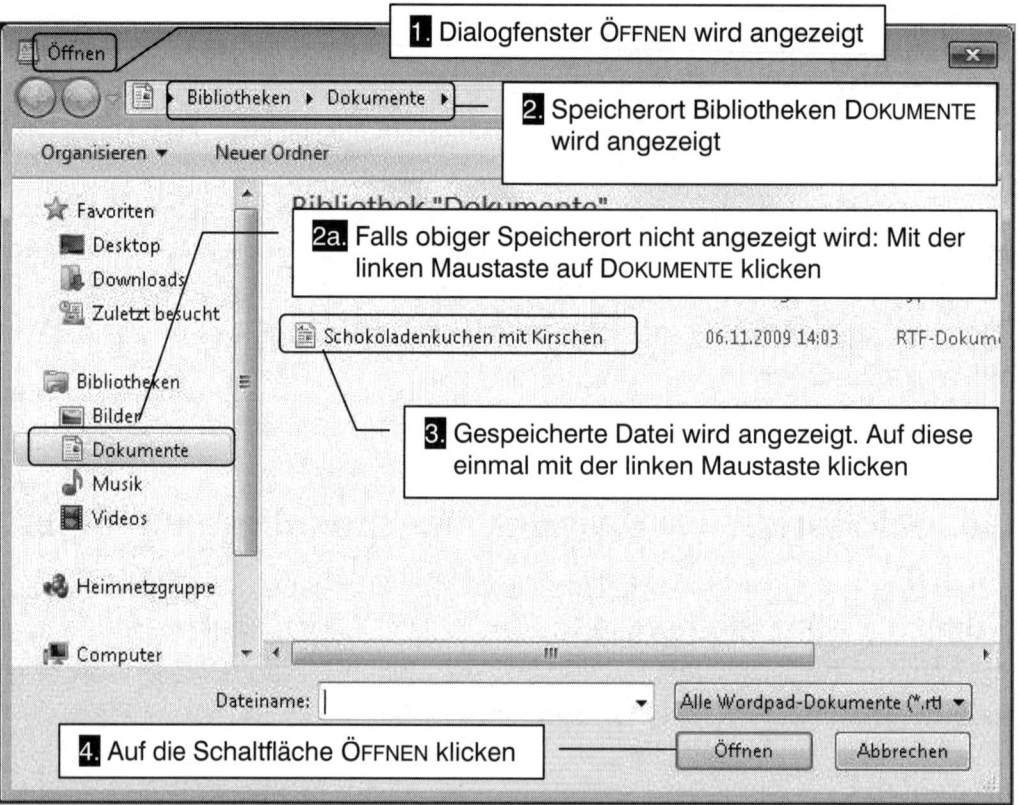

4. **Datei auswählen**: Der Inhalt der Bibliothek DOKUMENTE wird im rechten Bereich des Fensters angezeigt. Die Datei "Schokoladenkuchen mit Kirschen" wurde in dieser Bibliothek gespeichert und ist hier zu sehen.

Datei anklicken, um diese auszuwählen

Klicken Sie einmal mit der linken Maustaste auf die Datei. Dadurch wird sie blau hinterlegt, d.h. markiert. Damit haben Sie die Datei ausgewählt.

5. **Datei öffnen:** Ein Klick auf die Schaltfläche ÖFFNEN öffnet die Datei.

6 Bibliotheken, Ordner und Dateien

In dieser Lektion lernen Sie ...
- *wofür Sie Bibliotheken brauchen*
- *welche Bibliotheken schon auf Ihrem Computer vorhanden sind*
- *das Ordnersystem kennen*
- *was der Windows Explorer ist*
- *eine Alternative zum Öffnen von Dateien kennen*

Was Sie für diese Lektion bereits können sollten:
- *ein Programm starten und beenden*
- *eine Datei speichern*

In den vorangegangenen Lektionen haben Sie gelernt, wie Sie einfache Texte am Computer schreiben und für eine spätere Verwendung speichern. Dabei haben Sie schon mit der Bibliothek DOKUMENTE gearbeitet. Auf Ihrem Computer befindet sich allerdings ein ganzes System von verschiedenen Bibliotheken und Ordnern. Wie Sie damit umgehen, wird in diesem Kapitel dargestellt.

Was sind Ordner, Bibliotheken und Dateien?

Dateien

Auf der Festplatte eines Computers sind unterschiedliche Arten von Daten gespeichert. Es kann sich um Texte, Bilder, beispielsweise Fotos, Musikstücke oder Videos handeln. Alle diese gespeicherten Daten bezeichnet man in der EDV als Dateien. Eine Datei stellt eine geschlossene Einheit von Daten dar und kann beispielsweise einen kurzen Brieftext, aber auch einen Roman mit 100 Seiten oder mehr umfassen. Auch ein Foto stellt eine Datei dar. Sogar Computerprogramme, wie zum Beispiel das Betriebssystem Windows sind in Form von Dateien gespeichert.

Ordner

Die Festplatte des Computers speichert viele Dateien und lässt sich daher am besten mit einem großen Aktenschrank vergleichen. Wie in einem Büro, dienen **Ordner** auch auf einem Computer dazu, die unterschiedlichen Dateien übersichtlich zu verwalten. Sie können beliebig viele Ordner

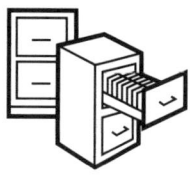

Ordner verwalten
Dateien

In **Ordnern** werden Dateien thematisch zusammengefasst

anlegen.

Beispiel: Sie sind begeisterte/r Hobbykoch/köchin und möchten Ihre gesammelten Kochrezepte am Computer abtippen, ausdrucken und speichern. Es gibt zwei Möglichleiten, wie Sie Ihre Rezeptsammlung organisieren könnten:

1. Möglichkeit:

Sie speichern alle Rezepte in einer einzigen Datei und geben der Datei einen Namen wie z.B. "Meine Rezeptsammlung". Diese Datei dürfte mehrere Druckseiten umfassen. Um später ein bestimmtes Rezept zu finden, müssen Sie die Datei öffnen und alle Seiten durchsuchen.

2. Möglichkeit:

Sie speichern jedes Rezept in einer extra Datei und geben jeder Datei einen aussagekräftigen Namen, z.B. "Forelle blau". Umfasst Ihre Sammlung 25 Rezepte, so haben Sie am Ende 25 Dateien gespeichert. Damit Sie diese Dateien später schnell wieder auffinden, speichern Sie alle Kochrezepte in einem eigenen Ordner "Kochrezepte".

Ein Ordner kann aber nicht nur Dateien enthalten, sondern auch weitere **Unterordner**. Bleiben wir bei unserem Rezeptbeispiel. Je mehr Rezepte Sie speichern, umso unübersichtlicher wird Ihr Ordner Kochrezepte. Ein bestimmtes Rezept unter 200 Dateien zu finden, ist nicht leicht. Deshalb teilen Sie den Ordner "Kochrezepte" in weitere Unterordner auf.

Beispiel:

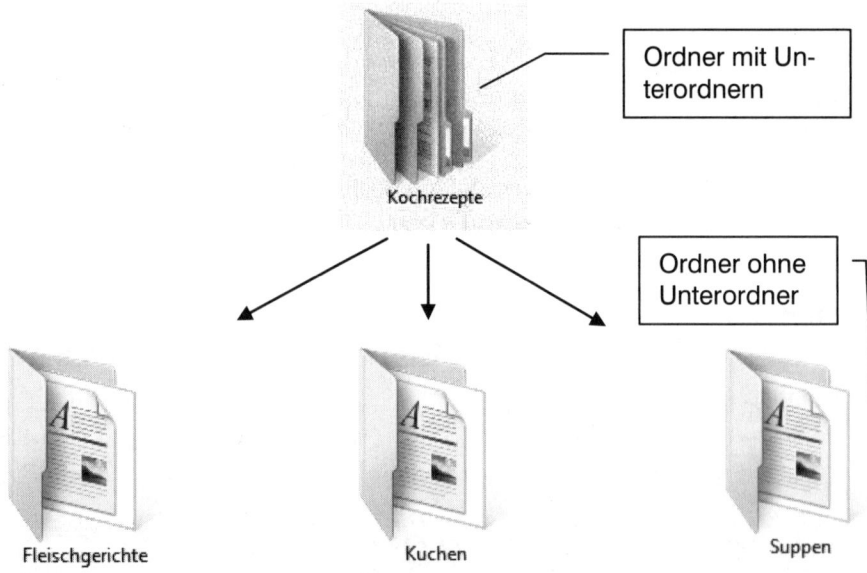

Beachten Sie auch die unterschiedliche Darstellungsform der Ordner. Wie Sie Ordner anlegen, lernen Sie im Kapitel 8.

Bibliotheken

Wie zuvor dargestellt, werden Dateien in Ordner gespeichert. Angezeigt werden sie allerdings in Bibliotheken. Eine Bibliothek ist kein Speicherort sondern ein Hilfsmittel zur übersichtlichen Darstellung von Dateien und Ordnern. Der Vorteil von Bibliotheken ist, dass sie eine visuelle Zusammenfassung verschiedener Ordnerinhalte ermöglichen. So enthält z.B. die Bibliothek DOKUMENTE die Inhalte der Ordner EIGENE DOKUMENTE und ÖFFENTLICHE DOKUMENTE.

Dokumente

Bibliotheken zeigen Dateien an

Im Kapitel Speichern und Öffnen habe ich aber meinen WordPad Text in die Bibliothek DOKUMENTE gespeichert!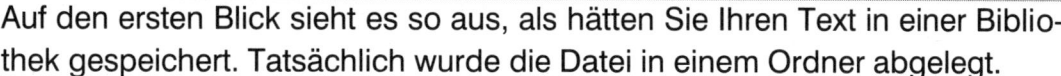

Auf den ersten Blick sieht es so aus, als hätten Sie Ihren Text in einer Bibliothek gespeichert. Tatsächlich wurde die Datei in einem Ordner abgelegt.

Der Ordner EIGENE DOKUMENTE ist der Standardspeicherort der Bibliothek DOKUMENTE. Das bedeutet, dass alle Dateien, die Sie in die Bibliothek DOKUMENTE speichern, tatsächlich im Ordner EIGENE DOKUMENTE gespeichert werden. Der Ordner ÖFFENTLICHE DOKUMENTE wird zu Beginn überhaupt nicht benötigt.

"Speichern" in der Bibliothek DOKUMENT bedeutet: Sie speichern im Ordner EIGENE DOKUMENTE

Wozu brauche ich eigentlich Bibliotheken?

Bibliotheken sind erstmals unter Windows 7 zu finden. Öffnen Sie einen Ordner, so können Sie ausschließlich dessen Inhalt betrachten – also alle Dateien und Unterordner, die hier gespeichert wurden. Bibliotheken können Ordner, die an verschiedenen Orten gespeichert wurden, gemeinsam anzeigen. So bildet eine Bibliothek eine neue thematische Einheit. Bibliotheken können vom Benutzer erstellt und auf die eigenen Bedürfnisse angepasst werden.

Beispiel:

Sie sind Mitglied eines Vereins und haben in der Bibliothek DOKUMENTE einen Ordner mit allen Protokollen Ihrer Vereinssitzungen angelegt. Weiterhin haben Sie in der Bibliothek BILDER einen Ordner mit Bildern eines Vereinsausflugs. Sie würden nun gerne auf einen Blick alle Ordner sehen, die mit dem Verein in Verbindung stehen. Dazu erstellen Sie eine neue Bibliothek "Verein" und verweisen auf den Ordner Protokolle und den Bilderordner Ausflug. In dieser neuen Bibliothek werden nun beide Ordner angezeigt und können geöffnet werden.

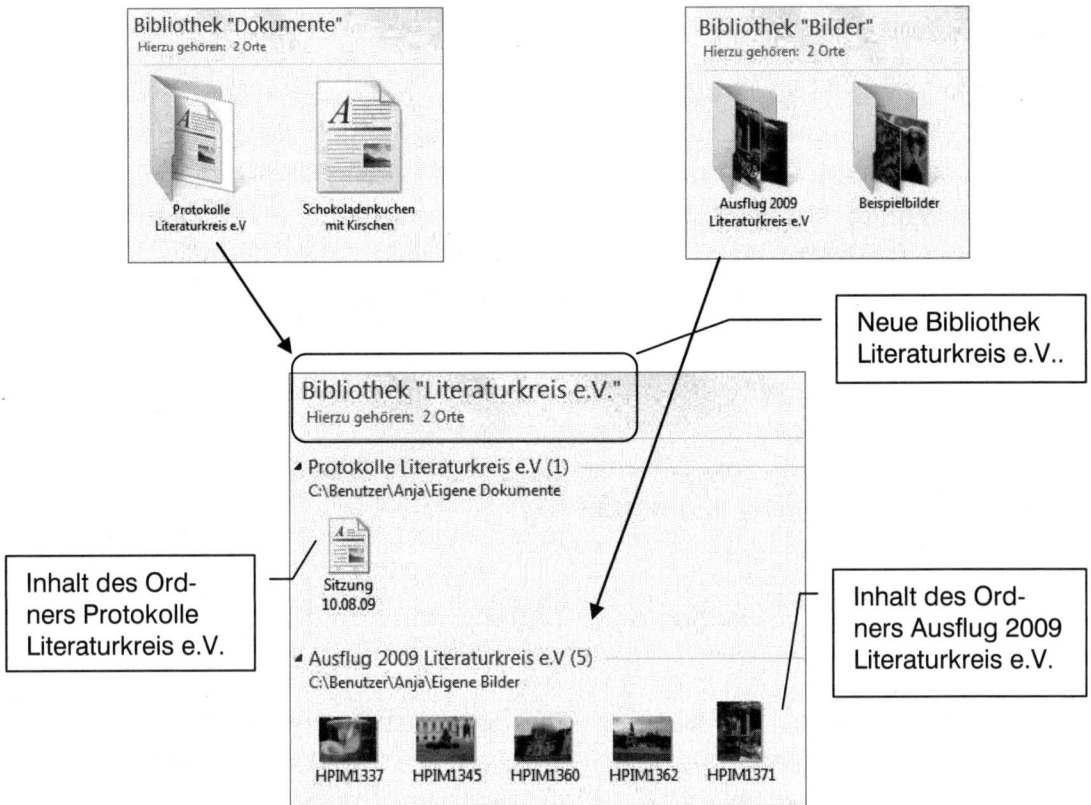

Ordner und Bibliotheken öffnen

Auf Ihrem Computer sind bereits einige Ordner und Bibliotheken vorhanden. Zunächst reicht es völlig aus, wenn Sie mit diesen arbeiten. Erst wenn Sie mehrere Dateien auf Ihrem Computer gespeichert haben, benötigen Sie weitere Ordnungssysteme.

Ordner öffnen

Eine Reihe von Ordnern wird automatisch erstellt, wenn Sie Windows zum ersten Mal auf Ihrem Computer starten. Wenn Sie einen Benutzernamen angeben, den Sie später bei der Anmeldung am System benötigen, dann richtet Windows auch einen Ordner mit diesem Namen ein. Der Ordner ist Ihr persönlicher Ordner, er enthält mehrere Unterordner für verschiedene Zwecke.

Hier die wichtigsten Standardordner:

Standardordner:
Diese Ordner finden Sie auch auf Ihrem Computer

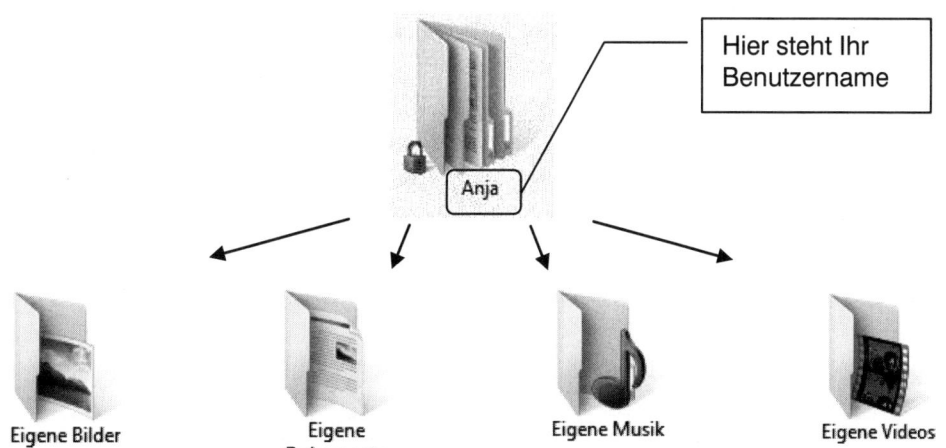

Der Ordner EIGENE DOKUMENTE ist zum Speichern von Texten vorgesehen. Wenn Sie ein Foto speichern möchten, steht Ihnen der Ordner EIGENE BILDER zur Verfügung. Genauso verhält es sich, wenn Sie Musikdateien oder Videodateien auf Ihrer Festplatte speichern wollen.

Sie finden alle Ordner über das STARTMENÜ. Klicken Sie auf das Startsymbol am linken unteren Bildschirmrand.

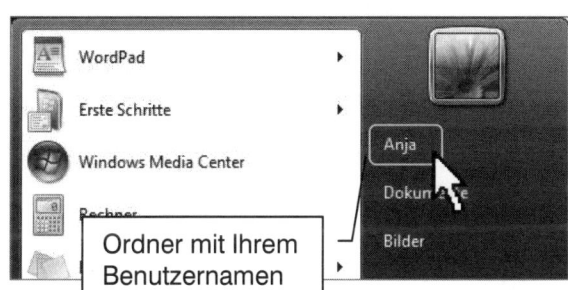

Im rechten Bereich des Startmenüs finden Sie den Ordner mit Ihrem Benutzernamen. Dieser enthält alle anderen Standardordner. Klicken Sie diesen Ordner einmal mit der linken Maustaste an.

Anklicken, um Startmenü zu öffnen

Ein neues Fenster öffnet sich und zeigt Ihnen alle Standardordner an. Hier finden Sie die Ordner EIGENE DOKUMENTE, EIGENE BILDER etc. und noch einige weitere Ordner.

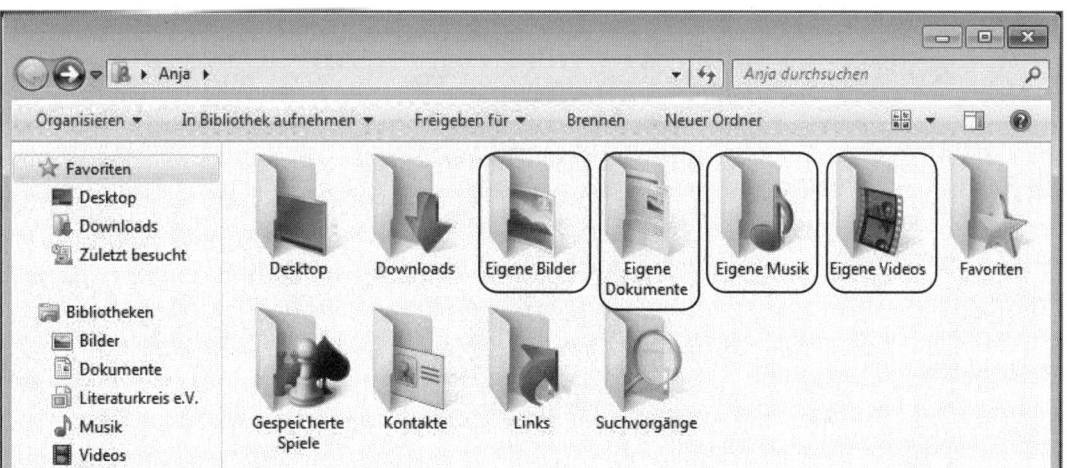

Doppelklick öffnet
einen Ordner

Klicken Sie mit der linken Maustaste doppelt auf einen Ordner, z.B. EIGENE DOKUMENTE. Dieser öffnet sich und sein Inhalt wird angezeigt.

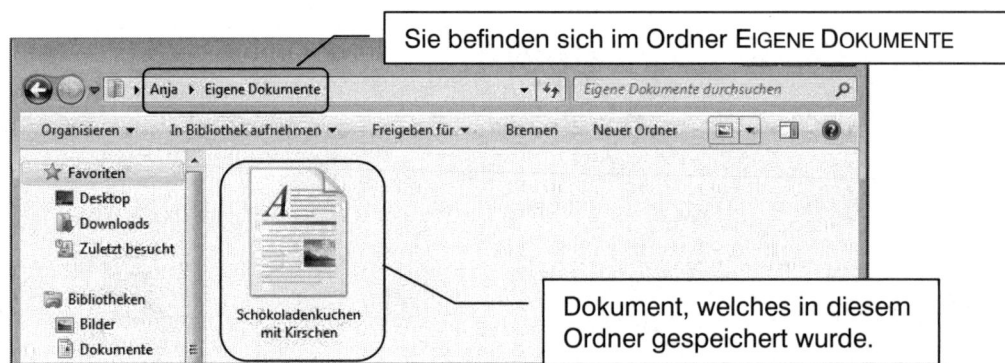

Fenster schließen

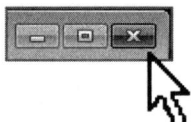

Möchten Sie das Ordnerfenster wieder schließen, so verwenden Sie das Feld zum Schließen des Fensters in der rechten oberen Ecke.

Bibliotheken öffnen

Allerdings arbeiten Sie unter Windows 7 nur selten mit den eigentlichen Ordnern. Sie benutzen sehr viel häufiger Bibliotheken. Auch einige Bibliotheken wurden für Sie bereits angelegt und erleichtern die Übersichtlichkeit.

Standardbibliotheken öffnen

Anklicken, um Startmenü zu öffnen

Zugriff auf die Standardbibliotheken erhalten Sie über das Startmenü. Klicken Sie auf das Startsymbol unten links auf Ihrem Bildschirm. Das Startmenü öffnet sich.

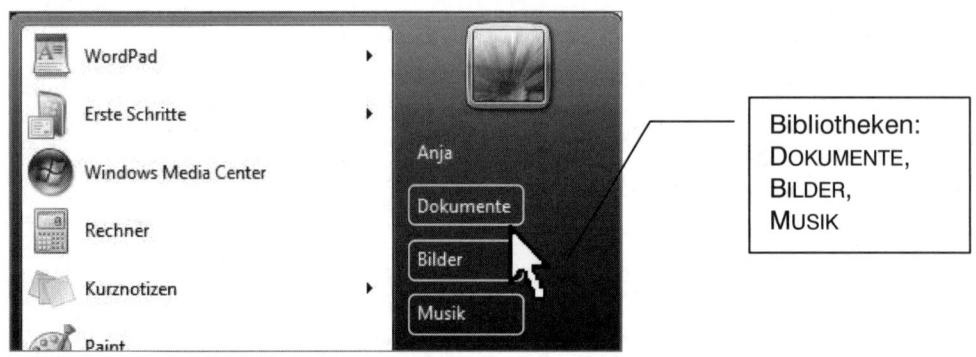

Im rechten Bereich des Startmenüs finden Sie die Bibliotheken DOKUMENTE, BILDER und MUSIK. Klicken Sie mit der linken Maustaste einmal auf eine der Bibliotheken. Ein neues Fenster öffnet sich und der Inhalt der Bibliothek wird angezeigt.

1x
Bibliothek anklicken, um diese zu öffnen

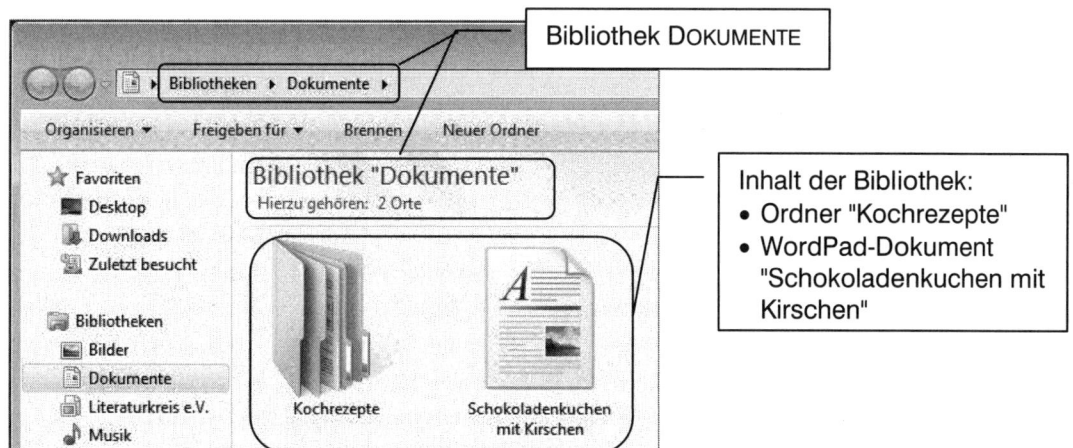

Bibliothek DOKUMENTE

Inhalt der Bibliothek:
• Ordner "Kochrezepte"
• WordPad-Dokument "Schokoladenkuchen mit Kirschen"

Zwischen Bibliotheken wechseln

Als Einsteiger arbeiten Sie zunächst vor allem mit Bibliotheken. Später lernen Sie auch eigene Ordner anzulegen und zwischen diesen zu wechseln. Aus diesem Grund steht hier zunächst die Bibliothek im Vordergrund. Bibliotheken und Ordner besitzen einige Gemeinsamkeiten. Sicherlich ist Ihnen beim Öffnen der Bibliotheken bzw. Ordner aufgefallen, dass die Fenster sich gleichen. Genauer gesagt, ist es immer das gleiche Fenster, das sich öffnet. Es wird **Windows Explorer** genannt. Kleine Unterschiede im Aussehen entstehen nur aufgrund der Auswahl von Bibliotheken und Ordnern.

Der Windows Explorer zeigt Bibliotheken, Ordner und Dateien an

Wichtige Bestandteile des Windows Explorers

Öffnen Sie über das STARTMENÜ die Bibliothek DOKUMENTE.

Anklicken und im Startmenü DOKUMENTE auswählen

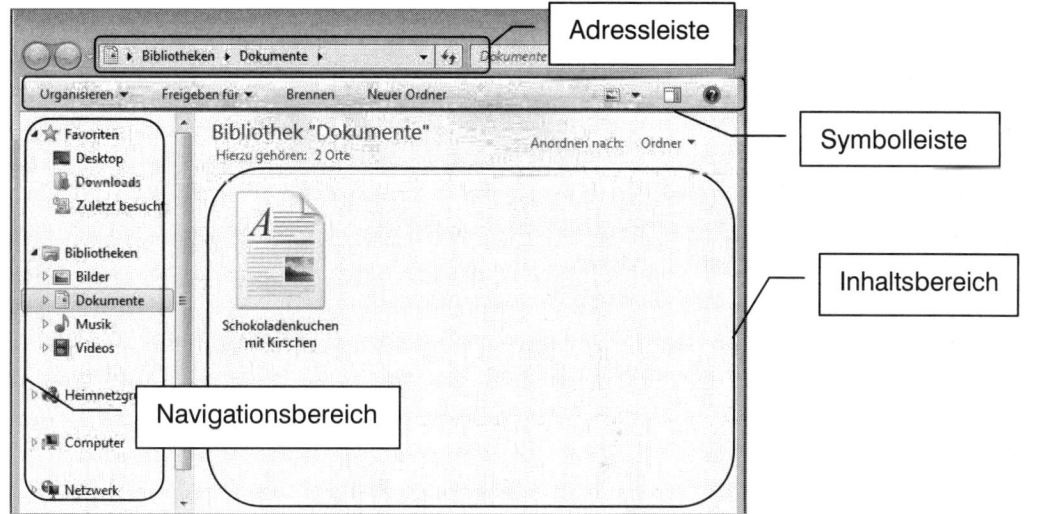

Adressleiste

Symbolleiste

Inhaltsbereich

Navigationsbereich

Adressleiste: In der Adressleiste sehen Sie, wo Sie sich gerade befinden.

Navigationsbereich: Über den Navigationsbereich können Sie zwischen verschiedenen Bibliotheken oder auch Ordnern wechseln.

Inhaltsbereich: Im Inhaltsbereich sehen Sie den Inhalt der ausgewählten Bibliothek oder des ausgewählten Ordners.

Symbolleiste: Enthält wichtige Befehle, die Sie zum Arbeiten im Windows Explorer benötigen.

Eine andere Bibliothek anzeigen

Zur Bibliothek BILDER wechseln

Wechseln Sie zu einer anderen Bibliothek, um sich deren Inhalt anzeigen zu lassen. Betrachten wir doch einmal den Inhalt der Bibliothek BILDER:

So geht's:

1. Sie haben den Windows Explorer bereits geöffnet. Im Moment wird die Bibliothek DOKUMENTE angezeigt.

Klicken Sie auf Bilder, um diese Bibliothek anzuzeigen

2. Klicken Sie im Navigationsbereich im Abschnitt Bibliotheken auf BILDER.

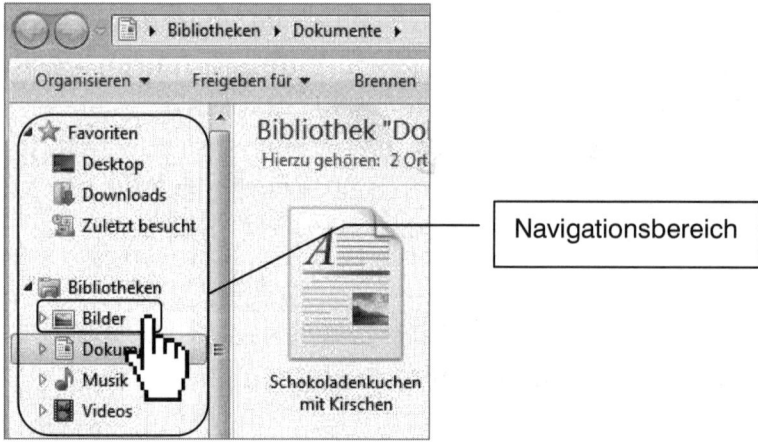

3. Nun wird der Inhalt der Bibliothek BILDER im Inhaltsbereich des Windows Explorer angezeigt.

4. Die Bibliothek BILDER enthält einen Ordner BEISPIELBILDER. Wenn Sie den Ordner BEISPIELBILDER öffnen möchten, klicken Sie mit der Maustaste doppelt auf das Ordnersymbol. Nun können Sie die Bilder in diesem Ordner betrachten.

2x
Doppelklick öffnet den Ordner

5. Wenn Sie den Ordner BEISPIELBILDER wieder anzeigen möchten, klicken Sie im Navigationsbereich unter Bibliotheken auf BILDER. Möchten Sie die Bibliothek DOKUMENTE wieder aufrufen, klicken Sie im Navigationsbereich unter Bibliotheken auf DOKUMENTE.

Alternative:

Sie können auch die Schaltfläche ZURÜCK verwenden. Diese befindet sich links oben im Windows Explorer Fenster.

Die Schaltfläche ZURÜCK bringt Sie in die Bibliothek oder den Ordner, in dem Sie vorher waren.

Klicken Sie einmal mit der linken Maustaste auf die Schaltfläche ZURÜCK. Damit verlassen Sie den Ordner BEISPIELBILDER und der Inhalt der Bibliothek BILDER wird wieder angezeigt.

Schaltfläche ZURÜCK

Mein Fenster sieht anders aus

Der Windows Explorer ist wandlungsfähig und kann an Ihre Wünsche angepasst werden. Nachteilig ist natürlich, dass er deshalb nicht immer gleich aussieht. Die Bereiche, Bibliothek, Navigationsbereich und Detailbereich, können ein- bzw. ausgeblendet werden.

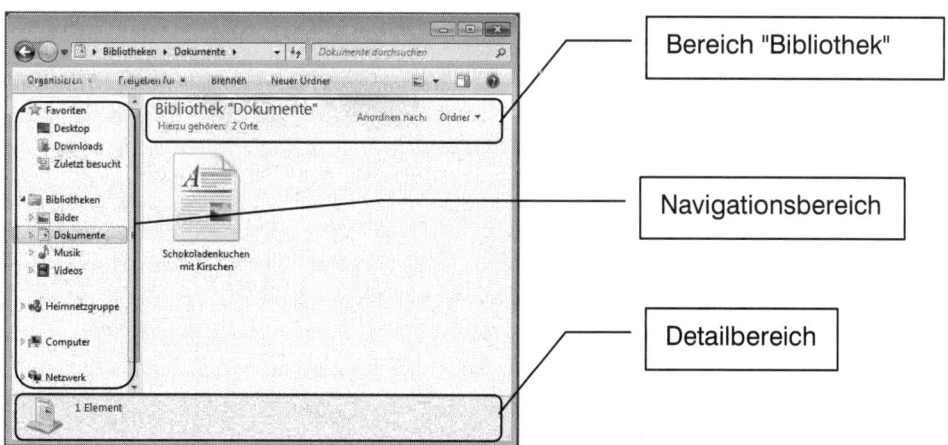

Bereich "Bibliothek"

Navigationsbereich

Detailbereich

Fehlende Bereiche wieder einblenden

So geht's:

1. Klicken Sie auf der Symbolleiste auf die Schaltfläche ORGANISIEREN.

2. Im sich öffnenden Listenfeld bewegen Sie den Mauszeiger auf den Eintrag LAYOUT. Dadurch öffnet sich ein weiteres Listenfeld rechts daneben.

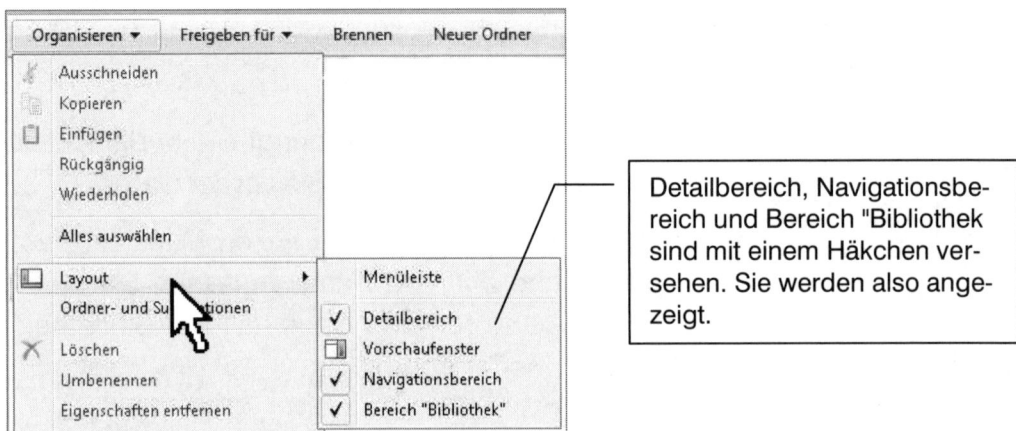

Detailbereich, Navigationsbereich und Bereich "Bibliothek" sind mit einem Häkchen versehen. Sie werden also angezeigt.

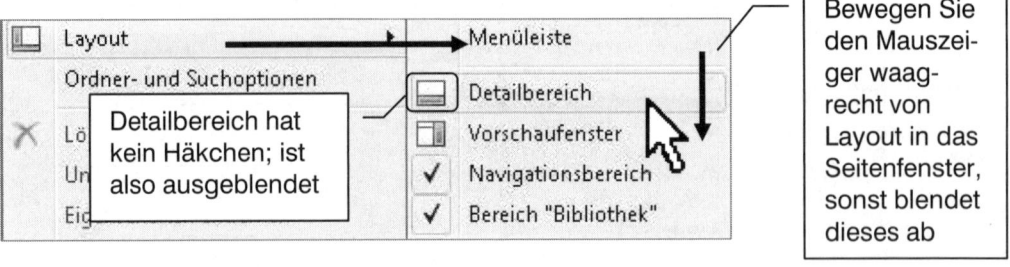

☑

Häkchen bedeutet, dieser Bereich ist eingeblendet

3. Alle sichtbaren Bereiche sind mit einem Häkchen versehen. Vor Detailbereich, Navigationsbereich und Bereich "Bibliothek" sollte ein Häkchen stehen. Das Vorschaufenster wird nicht benötigt.

4. Enthält einer der drei Bereiche kein Häkchen, blenden Sie diesen wie folgt ein: Bewegen Sie den Mauszeiger auf diesen Bereich und klicken Sie einmal mit der linken Maustaste.

Detailbereich hat kein Häkchen; ist also ausgeblendet

Bewegen Sie den Mauszeiger waagrecht von Layout in das Seitenfenster, sonst blendet dieses ab

Die Symbolleiste

Über die Symbolleiste können Sie verschiedenste Befehle auswählen, die Sie für das Arbeiten mit Ordnern und Dateien benötigen. Nicht immer sind alle Schaltflächen der Symbolleiste sichtbar. Die Anzeige ist abhängig davon, ob Sie eine Datei oder einen Ordner im Inhaltsbereich des Windows Explorers markiert haben.

Markieren

Mit einer Markierung treffen Sie immer eine Auswahl. Sie wählen damit den Ordner oder die Datei, auf die ein Befehl angewendet werden soll. Um einen Ordner oder eine Datei zu markieren, klicken Sie einmal mit der linken Maustaste auf deren Symbol.

Die markierte Datei oder der markierte Ordner werden blau hinterlegt.

1x
Klicken, um Datei oder Ordner zu markieren

Markierung entfernen

Um eine Markierung wieder zu entfernen, klicken Sie einfach mit der linken Maustaste neben das Symbol in den leeren Bereich des Windows Explorer Fensters.

Die Datei hat einen blauen Rahmen?
Obwohl Sie die Markierung entfernt haben, hat die Datei oder der Ordner noch einen blauen Rahmen. Dies ist keine Markierung mehr und kann ignoriert werden.

Nur ein blauer Rahmen ist keine Markierung

Veränderung der Symbolleiste

Rufen Sie nun die Bibliothek DOKUMENTE auf und betrachten Sie die Symbolleiste genauer:

Wenn Sie einen Ordner oder eine Datei markieren, verändert sich die Symbolleiste

Markieren Sie nun die Datei "Schokoladenkuchen mit Kirschen". Die Symbolleiste zeigt nun weitere Schaltfläche an. Die Funktionsweise der einzelnen Schaltflächen wird im Verlauf der Schulungsunterlage beschrieben.

Der Inhaltsbereich sieht anders aus

Im Inhaltsbereich sehen Sie alle gespeicherten Dateien und Ordner. Je nach Einstellungen können im selben Inhaltsbereich die Symbole und Namen völlig unterschiedlich dargestellt werden; hier zwei Beispiele:

Inhaltsbereich	Alternative 1	Alternative 2
Bibliothek DOKUMENTE	Schokoladenkuchen mit Kirschen	Schokoladenkuchen mit Kirschen
Bibliothek BILDER	Beispielbilder	Beispielbilder

Ansicht verändern

Sie können die Darstellung des Inhalts von Bibliotheken und Ordnern Ihren Wünschen entsprechend anpassen. Dadurch ändern sich die Größe der Symbole und der Umfang der angezeigten Dateiinformationen.

So geht's:

1. Sie finden das Symbol ANSICHT ÄNDERN auf der Symbolleiste rechts.

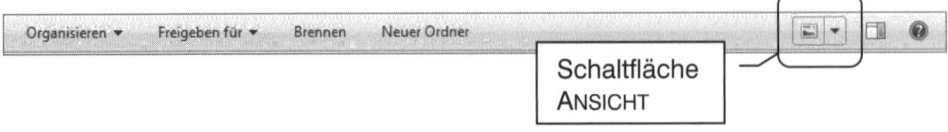

Schaltfläche
ANSICHT

2. Das Symbol besteht aus zwei Schaltflächen. Sie können auf das Symbol klicken und zwischen verschiedenen Ansichten umschalten oder Sie klicken auf das schwarze Dreieck und erhalten eine Auswahlliste aller möglichen Ansichten.

Anklicken, um zwischen verschiedenen Ansichten zu wechseln		Anklicken, um das Listenfeld der Ansicht zu erhalten

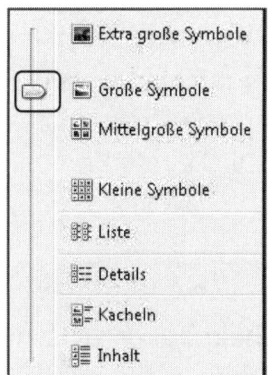

3. Machen Sie sich nun mit der Auswahlliste der Ansicht vertraut. Links sehen Sie einen Schieberegler. Diese Markierung zeigt die aktuelle Ansicht an.

4. Zum Ändern der Ansicht klicken Sie einmal mit der linken Maustaste auf einen anderen Eintrag. Das Listenfeld verschwindet und die Ansicht im Inhaltsbereich Ihres Windows Explorers ändert sich. Wählen Sie nacheinander die Ansichten DETAILS und GROßE SYMBOLE aus.

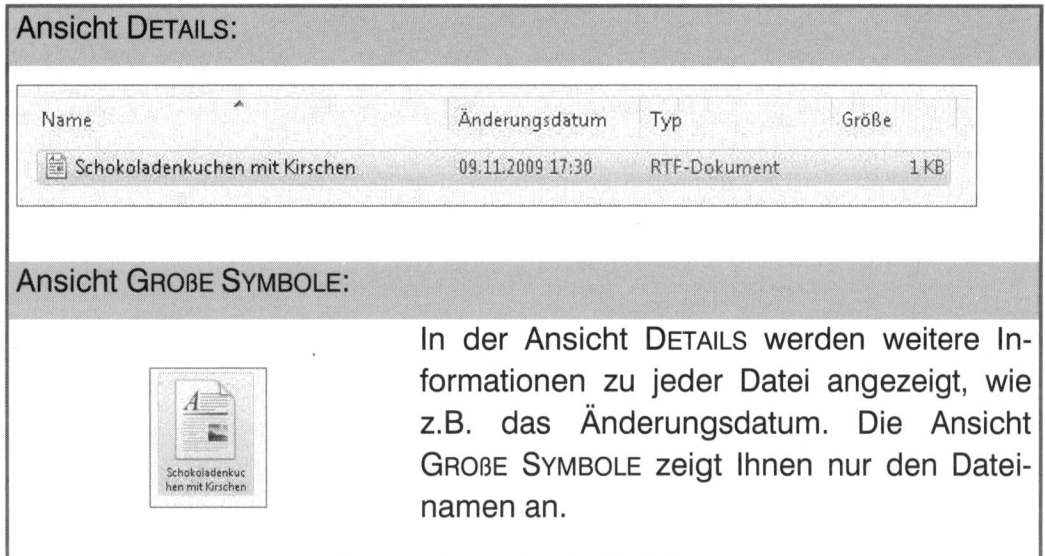

Ansicht DETAILS:

Name	Änderungsdatum	Typ	Größe
Schokoladenkuchen mit Kirschen	09.11.2009 17:30	RTF-Dokument	1 KB

Ansicht GROßE SYMBOLE:

In der Ansicht DETAILS werden weitere Informationen zu jeder Datei angezeigt, wie z.B. das Änderungsdatum. Die Ansicht GROßE SYMBOLE zeigt Ihnen nur den Dateinamen an.

Welche Ansicht soll ich verwenden?

Grundsätzlich verwenden Sie die Ansicht, die Ihnen am besten gefällt. Folgendes sollten Sie bedenken: Befinden Sie sich in einer Bibliothek oder einem Ordner mit Bildern, so bieten Ihnen alle Ansichten ab MITTELGROßE SYMBOLE eine Vorschau Ihrer Bilder. Enthält ein Ordner sehr viele Dateien, dann erhalten Sie mit kleineren Symbolen, wie z.B. INHALT oder LISTE einen besseren Überblick. Zu Beginn sollten Sie eine größere Darstellung wählen, z.B. MITTELGROßE SYMBOLE, da sich hier die Datei leichter markieren lässt.

Welche Ansicht?

Die Bildlaufleiste

Die Bildlaufleiste verschiebt den sichtbaren Ausschnitt des Fensters

Enthält eine Bibliothek oder ein Ordner sehr viele Dateien oder verwenden Sie eine sehr große Darstellung der Symbole, so können eventuell nicht alle Elemente im Inhaltsbereich angezeigt werden. In diesem Fall erscheint automatisch eine Bildlaufleiste, mit der Sie den sichtbaren Ausschnitt des Fensters verschieben können. Bildlaufleisten erscheinen nur dann, wenn die Größe eines Fensters nicht ausreicht, um den gesamten Inhalt darzustellen. Sie befinden sich immer am **rechten** und am **unteren** Rand eines Fensters.

Bildlaufleiste wird nicht angezeigt
Dann wird sie gerade nicht benötigt. Da in Ihrer Bibliothek DOKUMENTE noch nicht viele Dateien gespeichert sind, ist noch keine Bildlaufleiste sichtbar.

Sie können durch kleinere Veränderungen aber auch jetzt schon die Anzeige einer Bildlaufleiste erreichen.

1. Wechseln Sie zur Bibliothek BILDER.

2. Öffnen Sie den Ordner BEISPIELBILDER durch einen Doppelklick mit der linken Maustaste auf das Ordnersymbol.

3. Sie sehen nun einige Bilder. Diese können allerdings immer noch im Ordnerfenster bequem angezeigt werden. Deshalb wird die Bildlaufleiste noch nicht angezeigt.

4. Öffnen Sie nun die OPTIONEN der ANSICHT auf der Symbolleiste und klicken auf EXTRA GROßE SYMBOLE. Wenn nicht mehr alle Bilder im Fenster angezeigt werden können, erscheint am rechten Rand des Fensters eine Bildlaufleiste.

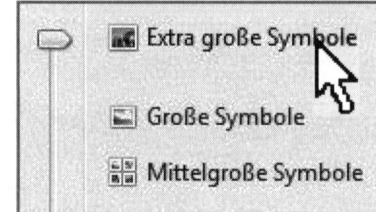

So verwenden Sie die Bildlaufleisten:

1. Betrachten Sie den Balken: befindet er sich ganz oben, dann bedeutet dies, dass im Fenster gerade der obere Bereich des Inhalts sichtbar ist.

2. Bewegen Sie den Mauszeiger auf den Balken der Bildlaufleiste. Drücken Sie die linke Maustaste und halten Sie die Taste gedrückt, während Sie den Mauszeiger nach unten bewegen. Gleichzeitig wird der sichtbare Teil des Fensters nach unten verschoben.

3. Lassen Sie die Maustaste erst wieder los, wenn der gewünschte Bereich im Fenster sichtbar ist.

Alternative:

Sie klicken mit der linken Maustaste mehrfach auf das schwarze Dreieck am Ende der Bildlaufleiste, um den Bildausschnitt nach unten zu bewegen bzw. klicken Sie auf das Dreieck am Anfang der Bildlaufleiste um den Ausschnitt nach oben zu bewegen.

| **Es gibt noch eine andere, bequemere Möglichkeit:** |
| Die meisten Mäuse verfügen über ein Rädchen zwischen den beiden Maustasten. Drehen Sie einfach dieses Rädchen, um so den Fensterausschnitt zu verschieben. Dies bezeichnet man auch als **Scrollen**. |

Scrollen: mit dem Rädchen der Maus den sichtbaren Bereich eines Fensters verschieben

| **Wenn sich beim Scrollen nichts bewegt,** |
| dann klicken Sie mit der linken Maustaste einmal in einen leeren Bereich des Fensters. |

Was tun, wenn …

| **Tipp** |
| Arbeiten Sie zunächst immer im Vollbildmodus. Dadurch füllt das Fenster den gesamten Bildschirm aus und ein Großteil, wenn nicht alle Ihre Dateien und Ordner werden angezeigt, ohne dass Sie die Bildlaufleiste benötigen. |

Im Vollbildmodus benötigen Sie die Bildlaufleiste seltener.

Eine Datei öffnen

Im Kapitel 5 haben Sie gelernt, wie man eine Datei wieder öffnet, um beispielsweise weiteren Text hinzuzufügen. Dazu haben Sie die Datei aus dem Programm WordPad heraus geöffnet. Zum Öffnen von Dateien gibt es noch weitere Vorgehensweisen. Sie können eine Datei auch aus der Bibliothek oder dem Ordner heraus öffnen.

Beispiel: Sie möchten die Datei "Schokoladenkuchen mit Kirschen" öffnen, welche sich in der Bibliothek DOKUMENTE befindet.

So geht's:

2 x
Doppelklick öffnet
die Datei

1. Öffnen Sie die Bibliothek DOKUMENTE über das Startmenü.

2. Zeigen Sie mit der Maus auf das Symbol der Datei, z.B. die Datei und klicken Sie zweimal kurz hintereinander auf das Symbol.

Dateien werden
immer mit dem
dazugehörigen
Programm geöff-
net

3. Das Textverarbeitungsprogramm wird gestartet und gleichzeitig der In-halt der Datei am Bildschirm geöffnet. Jetzt können Sie den Text weiter bearbeiten oder drucken.

4. Wenn Sie eine Datei nicht mehr benötigen, dann schließen Sie einfach das Fenster. Falls Sie inzwischen am Text Änderungen vorgenommen haben, erscheint beim Schließen eine Rückfrage, ob Sie diese Änderun-gen speichern wollen.

?

Was tun, wenn…

Die Datei öffnet sich nicht in WordPad
Eine Datei wird immer mit dem dazugehörigen Programm geöffnet – in die-sem Beispiel also mit einem Textverarbeitungsprogramm. Auf Ihrem Computer können mehrere Textverarbeitungsprogramme instal-liert sein. Wahrscheinlich befindet sich zumindest eine Testversion von Microsoft Office Word 2007 auf Ihrem Computer. Word 2007 wird dann als Standardprogramm zum Öffnen von Dokumenten verwendet. In diesem Fall können Sie den Text mit der oben beschriebenen Methode zunächst nicht in WordPad öffnen. Dann benutzen Sie folgende Vorgehensweise:

Alternative zum Öffnen von Dateien

1. Klicken Sie im Windows Explorer einmal auf das Symbol der gewünsch-ten Datei. Die Datei wird farbig hervorgehoben, sie wird markiert.

2. In der Symbolleiste finden Sie nun die Schaltfläche ÖFFNEN. Diese ist nur sichtbar, wenn Sie eine Datei markiert haben und verweist auf das Textverarbeitungsprogramm mit dem die Datei geöffnet wird.

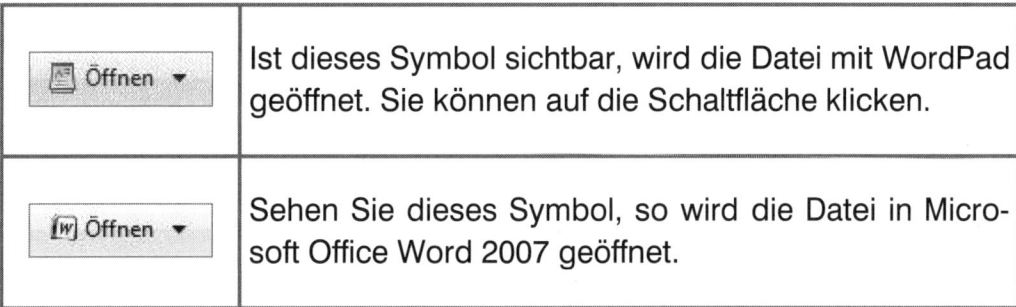	Ist dieses Symbol sichtbar, wird die Datei mit WordPad geöffnet. Sie können auf die Schaltfläche klicken.
	Sehen Sie dieses Symbol, so wird die Datei in Microsoft Office Word 2007 geöffnet.

3. Um ein anderes Programm auszuwählen, klicken Sie auf das schwarze Dreieck der Schaltfläche ÖFFNEN auf. Im sich öffnenden Listenfeld klicken Sie einmal mit der linken Maustaste auf WordPad.

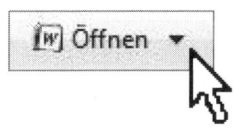 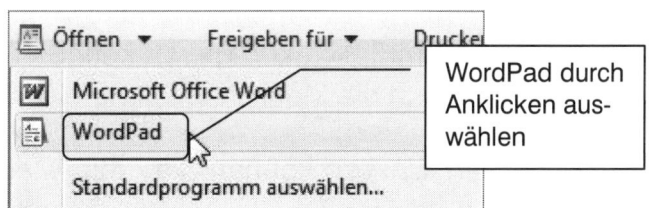

WordPad durch Anklicken auswählen

Wann brauche ich eigentlich den Doppelklick?	

In diesem Kapitel haben Sie gelernt, Dateien oder Ordner mit einem Doppelklick zu öffnen bzw. den Inhalt anzuschauen.

Im Navigationsbereich, im Startmenü oder auf der Symbolleiste genügt immer ein einfacher Klick mit der linken Maustaste. Ebenso benötigen Sie zum Markieren eines Ordners oder einer Datei immer nur einen einfachen Klick.

Sie können natürlich auch so vorgehen:
Klicken Sie einmal auf ein Symbol – passiert nichts? Dann brauchen Sie den Doppelklick.

1x Klicken = Markieren

2x Klicken = Öffnen

Wenn Sie die gesuchte Datei nicht sofort sehen.	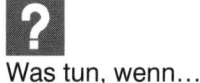

Maximieren Sie das Fenster oder verwenden Sie die Bildlaufleisten, um den sichtbaren Teil des Fensters zu verschieben.

Was tun, wenn…

7   Text formatieren und drucken

In dieser Lektion lernen Sie ...
- *wie Sie mit WordPad einen Brief schreiben*
- *wie Sie den Brief anschließend gestalten*
- *wie Sie den Brief drucken*

Was Sie für diese Lektion bereits können sollten:
- *Text eingeben und korrigieren*
- *eine Datei speichern*

Als **Formatieren** bezeichnet man die verschiedenen Gestaltungsmöglichkeiten für Texte am Computer

[?]

Welches Programm?

Textverarbeitungsprogramme bieten neben vielfältigen Möglichkeiten zur nachträglichen Korrektur auch noch den Vorteil, dass Sie den Text anschließend gestalten können. Wichtige Grundlagen der Textverarbeitung, wie Text eingeben und nachträglich korrigieren kennen Sie bereits. Am Beispiel eines Briefs lernen Sie nun die Möglichkeiten der Textformatierung kennen.

Für einen ersten Einstieg können Sie ruhig wieder das Programm WordPad verwenden. Als "kleiner Bruder" von Microsoft Word verfügt es zwar über keine automatische Rechtschreibprüfung, ist aber übersichtlicher und zudem kostenlos mit Windows auf jedem Computer vorhanden. Wenn Sie Textverarbeitung am Computer häufiger nutzen, dann sollten Sie sich später besser mit Microsoft Word oder einem ähnlichen Programm befassen.

Einen Brief schreiben und speichern

Da WordPad beim Starten gleichzeitig ein neues, leeres Dokument öffnet, können Sie gleich mit dem Schreiben beginnen. Geben Sie den Text, den Sie auf der nächsten Seite finden, ein.

[?]

Mein Text sieht anders aus!
Vermutlich ist auf Ihrem Computer eine andere Schriftart oder Schriftgröße eingestellt, dann sieht Ihr Text etwas anders aus und der automatische Zeilenumbruch erfolgt an einer anderen Stelle. In diesem Kapitel lernen Sie, wie Text umgestaltet wird. Schritt für Schritt wird sich so Ihr Text, den Abbildungen in der Schulungsunterlage angleichen.

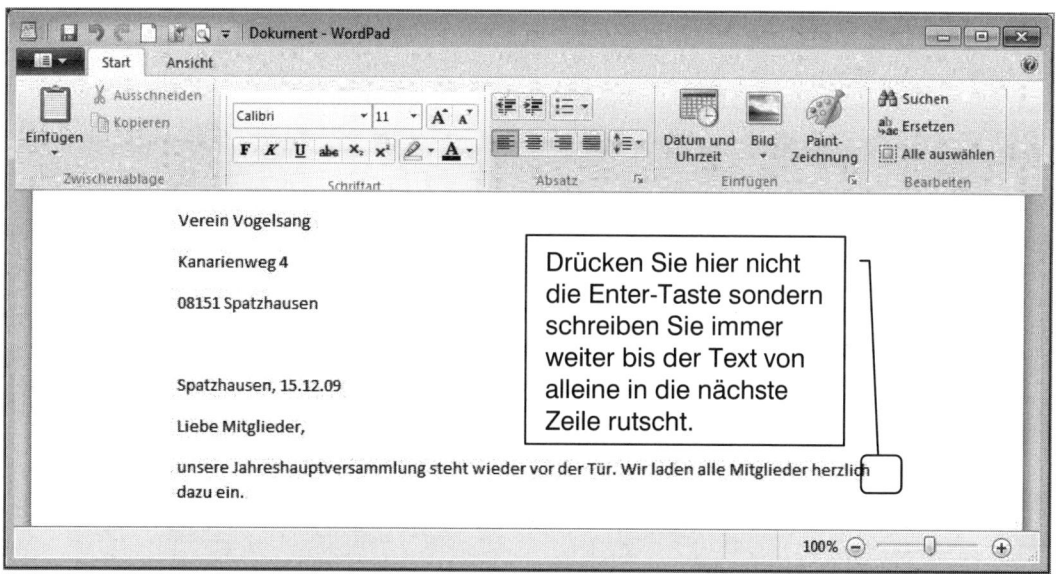

Text speichern

Auch wenn der Brief noch nicht fertig ist, sollten Sie vorsichtshalber speichern. Damit haben Sie diesen Teil Ihres Textes auf jeden Fall sicher verwahrt. Klicken Sie im SCHNELLZUGRIFF auf die Diskette – das Symbol für SPEICHERN. Im sich öffnenden Dialogfenster geben Sie den Dateinamen ein. Danach schreiben Sie einfach weiter.

Anklicken, um Text zu speichern.

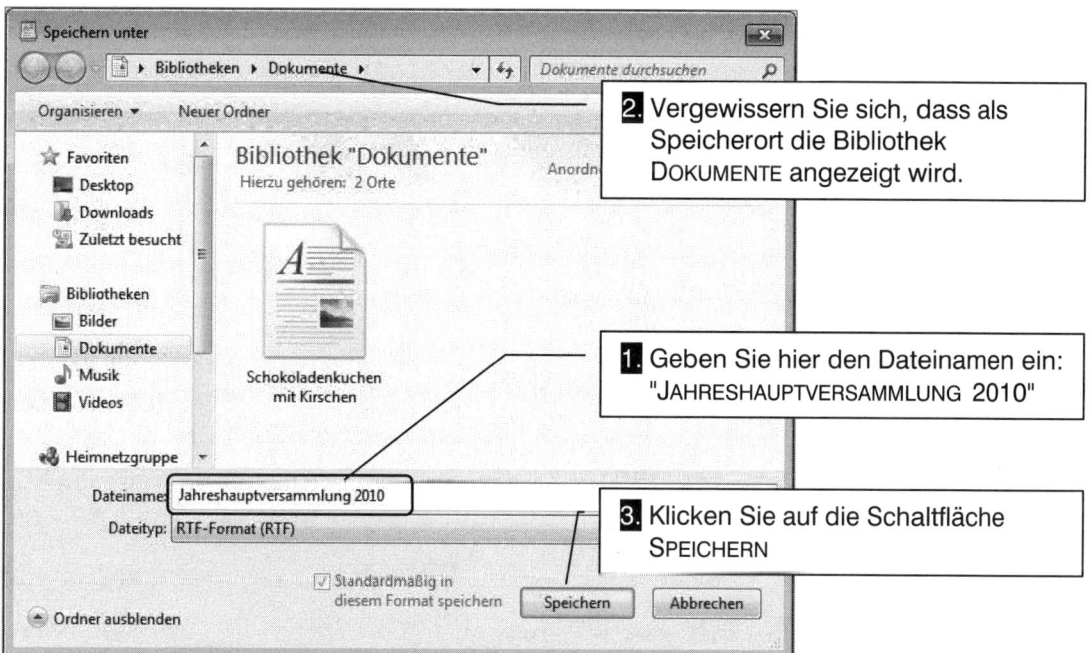

Vergessen Sie nicht auch im weiteren Verlauf des Schreibens regelmäßig zu speichern. Klicken Sie dazu im Schnellzugriff auf das Symbol SPEICHERN. Es öffnet sich dann kein Dialogfenster mehr, da Sie den Dateinamen und den Speicherort ja schon beim ersten Mal eingegeben haben. Das Dokument wird sofort gespeichert.

Speichern Sie auch während der Arbeit regelmäßig

Tabstopps verwenden

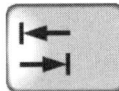 Die Tabulator-Taste erzeugt Abstände im Text. Sie können die Tabulator-Taste auch mehrmals betätigen, um Abstände zu vergrößern. Falls Sie die Tabulator-Taste zu oft gedrückt haben, können Sie die Abstände mit der Korrektur-Taste löschen.

Verwenden Sie Tabstopps für größer Abstände zwischen Worten

Auf diese Weise richten Sie den Text in Spalten untereinander aus. In jedem Dokument befinden sich in Abständen von 1,25 cm so genannte Tabstopps, zu denen Sie sich durch die Tabulator-Taste bewegen.

Fügen Sie jetzt Ihrem Brief folgenden Text hinzu:

> unsere Jahreshauptversammlung steht wieder vor der Tür. Wir laden alle Mitglieder herzlich dazu ein.
>
> Wo: Gasthaus zum Hirsch
>
> Wann: 9. Januar 2010
>
> Beginn: 19:30 Uhr

So geht's:

1. Schreiben Sie das Wort "Wo:" und drücken Sie dann zweimal die Tabulator-Taste. Die Einfügemarke springt nach rechts.

2. Geben Sie dann "Gasthaus zum Hirsch" ein und betätigen Sie die Enter-Taste.

3. Wiederholen Sie den Vorgang für die zwei weiteren Zeilen.

> **Warum kann ich nicht einfach mehrmals die Leertaste drücken?**
> Theoretisch ist das möglich. Nachteil ist, dass Sie die Wörter der zweiten Spalte durch Drücken der Leertaste nicht genau untereinander schreiben können. Dies liegt an der unterschiedlichen Breite der verschiedenen Zeichen.

Vervollständigen Sie Ihren Text um folgende Zeilen:

> Beginn: 19:30 Uhr
>
> Außerdem möchten wir Euch nochmals an unsere Weihnachtsfeier am 19.12.09 erinnern, besonders an die "kleine Spende" für unser Weihnachtswichteln in Höhe von 5,- €.
>
> Mit freundlichen Grüßen
>
> Euer Vorstand

Denken Sie an die AltGr-Taste für das Eurozeichen

Text markieren

Text markieren bedeutet, eine längere Textstelle zur nächsten **Bearbeitung** auswählen. Den markierten Text können Sie dann löschen, ihm ein anderes Aussehen verleihen, also formatieren oder den Text an eine andere Position verschieben. Markierten Text erkennen Sie daran, dass an dieser Stelle weiße Schrift vor schwarzem oder blauem Hintergrund erscheint. Die Markierung wird sofort wieder aufgehoben, wenn Sie mit der linken Maustaste an eine andere Textstelle klicken.

Textstellen werden zur Bearbeitung hervorgehoben

Zum Markieren verwenden Sie die Maus wie einen Textmarker:
Zeigen Sie an den Beginn der Textstelle, drücken Sie die linke Maustaste und halten Sie die Taste gedrückt. Nun bewegen Sie die Maus über den Text und lassen die Maustaste erst am Ende der Textstelle wieder los. Der Text erscheint auf dem Bildschirm je nach Programm blau oder schwarz unterlegt – er ist markiert.

Markieren Sie mit gedrückter linker Maustaste

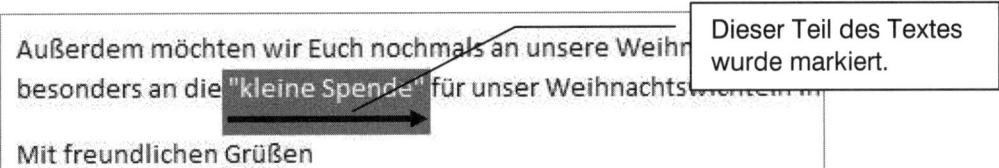

Außerdem möchten wir Euch nochmals an unsere Weih...
besonders an die "kleine Spende" für unser Weihnachts...

Dieser Teil des Textes wurde markiert.

Mit freundlichen Grüßen

Die Markierung wieder aufheben
Dazu klicken Sie mit der linken Maustaste einmal an eine beliebige andere Stelle im Text.

Andere Möglichkeiten, wie Sie Text markieren können:

Ein Wort markieren
Stellen Sie den Mauszeiger auf das Wort. Klicken Sie dann **zweimal** kurz hintereinander (**Doppelklick**) in das Wort. Achtung – Sie dürfen beim Doppelklick die Maus nicht bewegen!

2 x
die linke Maustaste drücken = **Doppelklick**

Eine Zeile markieren
Bewegen Sie die Maus an den Beginn einer Zeile bis der Mauszeiger als Pfeil sichtbar wird. Klicken Sie nun **einmal**, so wird die gesamte Zeile markiert.

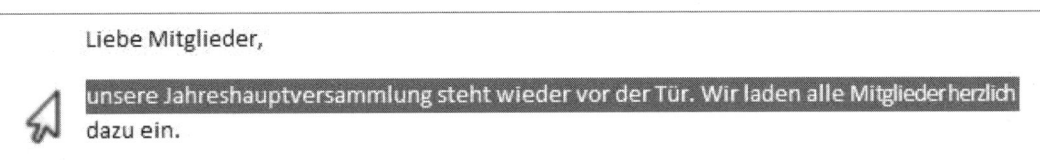

Liebe Mitglieder,

unsere Jahreshauptversammlung steht wieder vor der Tür. Wir laden alle Mitglieder herzlich dazu ein.

Mehrere Zeilen oder den ganzen Text markieren.

Bewegen Sie den Mauszeiger an den Anfang des Textes und ziehen Sie die Maus gerade nach unten. Jetzt wird Zeile für Zeile markiert.

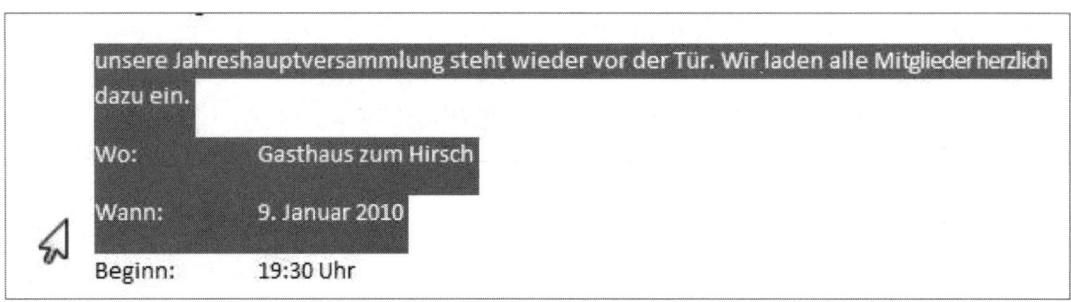

Maustaste ge-
drückt halten

> **Tipp**
>
> Halten Sie immer die Maustaste gedrückt, bis der gesamte gewünschte Text markiert ist. Haben Sie z.B. eine Zeile zu viel markiert, so bewegen Sie den Mauszeiger in der entgegengesetzten Richtung über den Text. Dann verschwindet die Markierung wieder. Dies funktioniert nur, wenn Sie zwischenzeitlich die Maustaste nicht losgelassen haben.

Markierten Text löschen

Markierten Text
löschen

Längere Texte löschen Sie schneller, wenn Sie sie zuvor markieren. Dann genügt es, wenn Sie **einmal** auf der Tastatur die **Korrektur-**Taste oder die **Entf-**Taste drücken.

Markierten Text überschreiben

Möchten Sie im Text ein Wort durch ein anderes ersetzen?

So geht's:

4. Markieren Sie die Textstelle.

Markierter Text
wird durch eine
Tastatureingabe
überschrieben.

vorher

nachher

5. Tippen Sie jetzt über die Tastatur das neue Wort ein: die markierte Textstelle wird bei der Texteingabe überschrieben, die Länge der Textstelle spielt keine Rolle.

Änderungen wieder rückgängig machen

Markierter Text wird häufig versehentlich gelöscht oder überschrieben. Kein Problem! WordPad stellt Ihnen mit der Funktion RÜCKGÄNGIG die Möglichkeit zur Verfügung, Änderungen zurückzunehmen.

Das RÜCKGÄNGIG-Symbol in Form eines blauen Pfeils finden Sie im SCHNELL-ZUGRIFF. Klicken Sie mit der linken Maustaste **einmal** auf dieses Symbol, um Ihre **letzte Änderung** rückgängig zu machen.

Sie können die letzte Änderung rückgängig machen

So geht's:

1. In diesem Beispiel wurde ein Teil Ihres Briefes markiert und dann auf der Tastatur ein "j" gedrückt. Dieses ersetzt nun den markierten Teil und wichtige Informationen des Briefes gehen verloren.

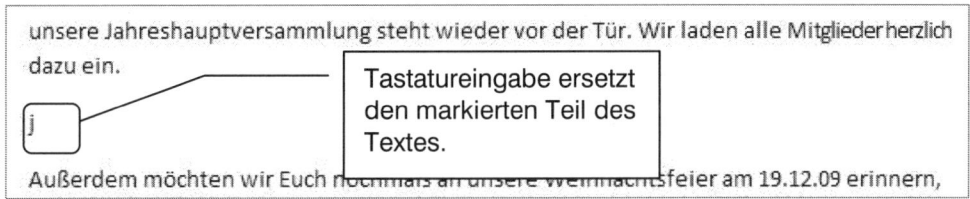

2.

Klicken Sie einmal auf das Symbol Rückgängig im Schnellzugriff und der Text erscheint wieder.

Letzte Aktion wird rückgängig gemacht

Wenn das Symbol grau erscheint,
dann steht dieser Befehl im Moment nicht zur Verfügung. Das bedeutet, Sie haben keine Änderung vorgenommen, die Sie zurücknehmen könnten.

Was tun, wenn…

Und noch ein Hinweis:
Wenn Sie **mehrmals** hintereinander auf dieses Symbol klicken, so machen Sie mit jedem Mausklick einen weiteren Bearbeitungsschritt rückgängig.

Sie können mehrere Schritte rückgängig machen

Sicher ist Ihnen im SCHNELLZUGRIFF auch der Pfeil in die andere Richtung aufgefallen. Dabei handelt es sich um die Funktion WIEDERHOLEN. Diese setzen Sie ein, wenn Sie zu viele Aktionen rückgängig gemacht haben und dabei etwas verloren haben, was Sie eigentlich behalten wollten.

Stellt Aktionen wieder her

Text formatieren

Jetzt fehlt eigentlich nur noch eine ansprechende optische Gestaltung des Briefs, die Formatierung. Hier entscheiden Sie sich für eine Schriftart, Schriftgröße oder unterstreichen Wörter.

Textausrichtung

Text ist zunächst immer links ausgerichtet

Ihr Text ist standardmäßig links ausgerichtet, d.h. auf der linken Seite schließt der Text in gerader Linie bündig ab. Sie können den Text auch anders ausrichten. Dazu stehen Ihnen die Ausrichtungen rechts, zentriert und Blocksatz zur Verfügung. Sie finden die Symbole zur Änderung der Ausrichtung auf dem Menüband im Register START in der Gruppe ABSATZ.

Informationen zum Menüband erhalten Sie im Kapitel 4

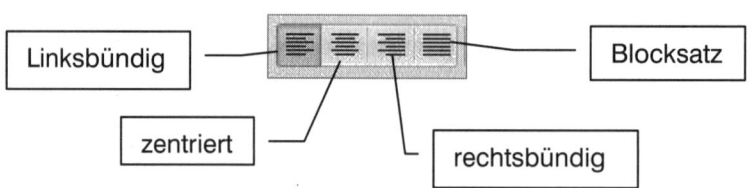

Beispiel für einen ausgerichteten Text:

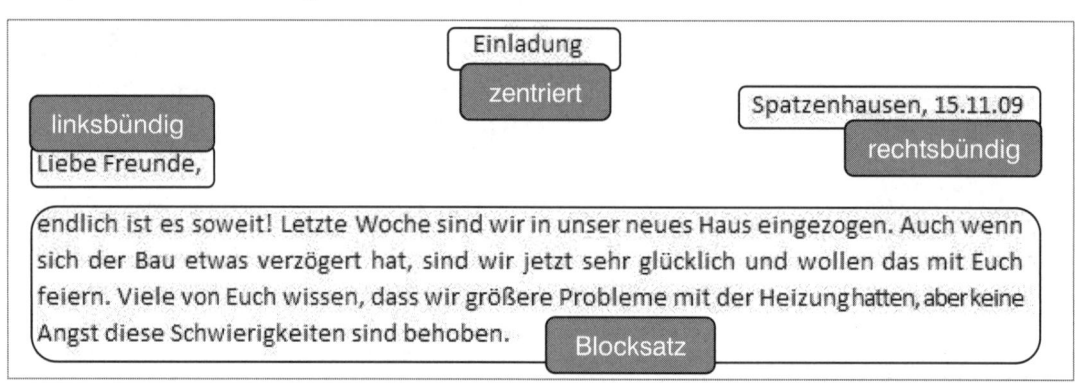

Blocksatz: Darstellung des Textes wie in Büchern

Der Blocksatz sorgt für eine gerade Linie sowohl am linken als auch am rechten Rand Ihres Blattes. Dazu werden die Abstände zwischen den einzelnen Wörtern vergrößert. Blocksatz ist eine beliebte Ausrichtung für einen längeren Text. Allerdings kann der Blocksatz nur dargestellt werden, wenn Sie am Ende der Zeile keine Zeilenschaltung eingefügt haben.

Linksbündig: Der Absatz befindet sich am linken Seitenrand

Kehren wir jetzt zu unserem Dokument "Jahreshauptversammlung 2010" zurück. Der gesamte Text ist im Moment linksbündig ausgerichtet. Klicken Sie an eine beliebige Stelle Ihres Textes und werfen Sie einen Blick auf die Ausrichtungssymbole auf dem Menüband. Die Ausrichtung LINKS ist orange hinterlegt, also für diesen Absatz ausgewählt.

Sicher haben Sie bemerkt, dass Absenderort und –datum eigentlich an den rechten Seitenrand des Briefes gehören. Dies wollen wir nun ändern:

So geht's:

1. Stellen Sie die Einfügemarke in die Zeile deren Ausrichtung Sie verändern möchten. Sie können den Text "Spatzenhausen, 15.11.09" auch markieren. Beides führt zum gleichen Ergebnis.

2. Klicken Sie einmal mit der linken Maustaste auf das Symbol RECHTSBÜNDIG. Der Text wird jetzt am rechten Rand Ihres Blattes ausgerichtet.

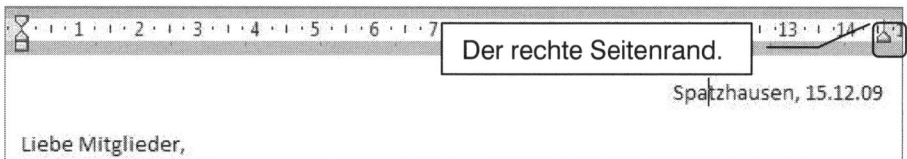

Rechtsbündig: Der Absatz befindet sich am rechten Seitenrand.

Fügen wir jetzt noch den Text "Einladung" hinzu. Dieser soll oberhalb von "Liebe Mitglieder" stehen.

So geht's:

1. Setzten Sie die Einfügemarke vor "Liebe Mitglieder". Achten Sie darauf, dass der Mauszeiger als Strich mit zwei Querbalken dargestellt wird. Sollte der Mauszeiger als weißer Pfeil erscheinen, bewegen Sie die Maus näher an den Text, bis der Strich erscheint. Erst dann klicken Sie einmal mit der linken Maustaste. Der Text darf nicht markiert sein, sonst wird er überschrieben.

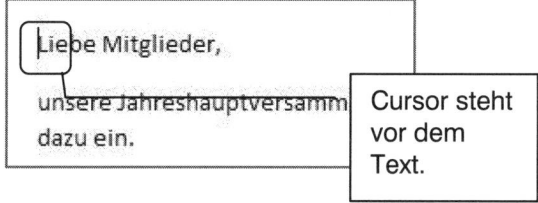

2. Schreiben Sie jetzt "Einladung" und drücken Sie dann die Enter-Taste. Möchten Sie einen größeren Abstand dann drücken Sie einfach zweimal die Enter-Taste.

Nun soll noch der Text "Einladung" in die Mitte. Auch dies können Sie wieder mit der Absatzausrichtung ändern:

1. Klicken Sie also wieder zuerst mit der linken Maustaste an eine beliebige Stelle in der Zeile mit dem Wort "Einladung".

**Zentriert**:
Der Absatz wird
genau in der Mitte
ausgerichtet

2. Dann klicken Sie mit der linken Maustaste auf dem Menüband im Register START auf das Symbol ZENTRIERT.

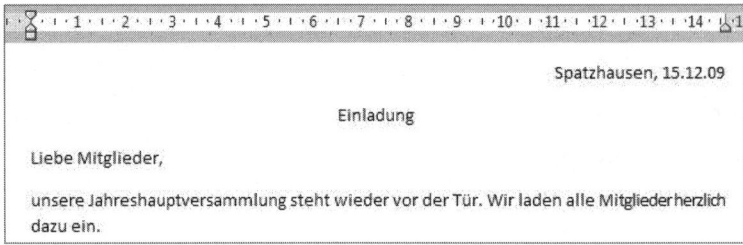

3. Der Absatz wird genau in der Mitte zwischen den Seitenrändern ausgerichtet, er ist zentriert.

Die Ausrichtung
bezieht sich immer
auf den gesamten
aktuellen Absatz

Wichtig
Die Ausrichtung können Sie immer nur für den Absatz ändern, in dem sich die Einfügemarke gerade befindet.

Ein Absatz kann sowohl eine Zeile als auch mehrere Zeilen umfassen. Schreiben Sie z.B. einen längeren Text ohne eine Zeilenschaltung einzufügen, so bilden diese Zeilen einen Absatz und können nur einheitlich ausgerichtet werden.

Es ist also nicht möglich, innerhalb einer Zeile oder eines Absatzes, einen Teil linksbündig und gleichzeitig einen anderen Teil rechtsbündig auszurichten.

Mehrere Zeilen ausrichten

Sie können auch gleichzeitig auf mehrere Zeilen eine Ausrichtung anwenden. Stellen wir doch unsere Absenderadresse rechtsbündig, dazu markieren Sie alle drei Zeilen und klicken auf das Symbol für rechtsbündig.

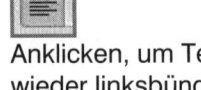

Anklicken, um Text
wieder linksbündig
zu stellen

Wie richte ich einen Text wieder linksbündig aus?
Stellen Sie den Cursor in die Zeile oder markieren mehrere Zeilen und wählen im Menüband das Symbol für linksbündig aus.

Das Schriftbild ändern

Textpassagen <u>unterstreichen</u> oder **fett** hervorheben gehört ebenfalls zur Formatierung, genauer gesagt zur Zeichenformatierung. Sie müssen zuvor den Text markieren, da immer nur die gerade markierten Zeichen formatiert werden.

Wichtig: Nur Text der markiert ist, kann auch verändert werden

Text fett hervorheben:

So geht's:

1. Markieren Sie im Text das Wort "Einladung".

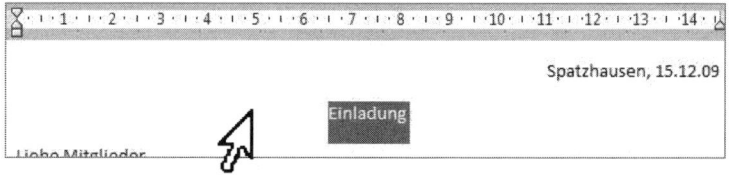

2. Klicken Sie anschließend mit der linken Maustaste auf das Symbol FETT. Sie finden das Symbol FETT auf dem Menüband - Register START – Gruppe SCHRIFTART.

markierten Text **Fett** hervorheben

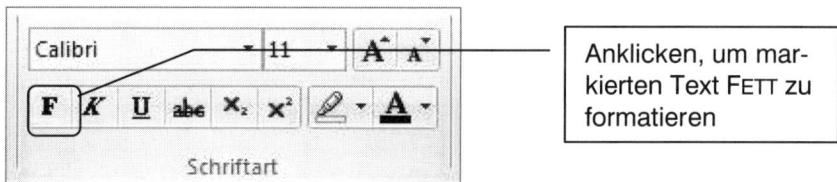

3. Nun soll der Text "Gasthaus zum Vogelwirt" fett und noch zusätzlich kursiv erscheinen. Markieren Sie den Text und klicken Sie nacheinander auf die Symbole FETT und KURSIV. Die Formatierung KURSIV stellt den Text leicht schräg.

markierten Text **Kursiv** formatieren

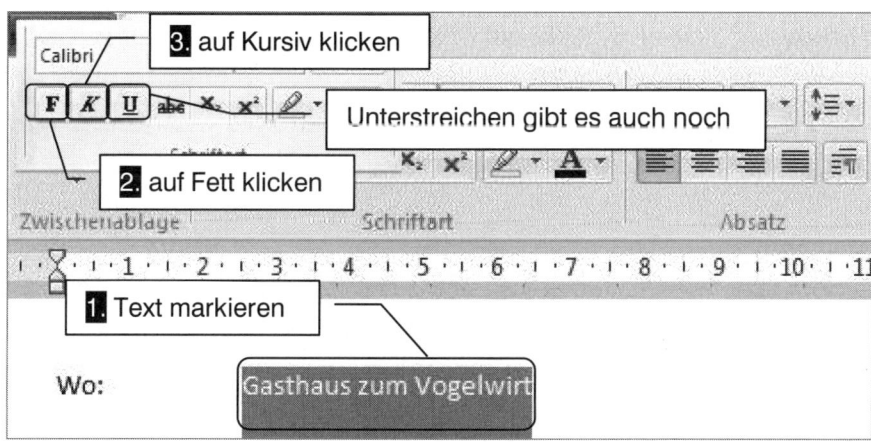

4. Nun unterstreichen Sie noch die Worte "kleine Spende": markieren Sie diese und klicken Sie auf das Symbol UNTERSTREICHEN.

markierten Text **unterstreichen**

Hinweis

Solange Text markiert ist, sind Formatierungen wie UNTERSTRICHEN nur schwer zu erkennen. Klicken Sie mit der Maus an eine beliebige Stelle im Text, damit wird die Markierung entfernt.

Wie entfernt man Unterstreichungen wieder?

Die Symbole UNTERSTREICHEN, FETT und KURSIV formatieren markierten Text nicht nur, mit diesem Symbolen können Sie die Formatierung auch wieder entfernen. Markieren Sie einen unterstrichenen Text und klicken Sie erneut auf das Symbol UNTERSTREICHEN. Das Gleiche gilt auch für fett und kursiv.

Schriftart und Schriftgröße

Schriftarten werden von Windows zur Verfügung gestellt

Im Gegensatz zur Schreibmaschine können Sie am Computer unter verschiedenen Schriftarten und –größen wählen. Die Standardschriftart ist Calibri mit einer Schriftgröße von 11 Punkten. Beides können Sie jederzeit ändern. Mit welcher Schriftart und Größe Sie Ihren Brief geschrieben haben, sehen Sie im Register START in der Gruppe SCHRIFTART.

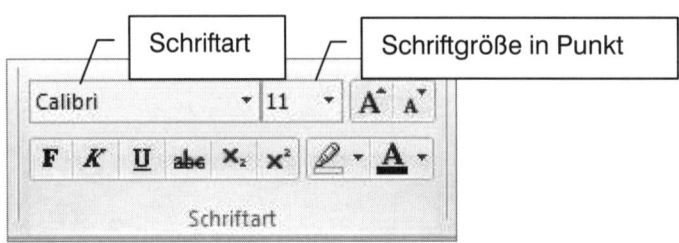

Die Schriftart für den gesamten Brief ändern

Meist verwenden Sie nur eine Schriftart im Text. Für Überschriften oder als besondere Hervorhebung können Sie auch eine zweite Schriftart auswählen. Natürlich wäre es auch möglich, jedem Wort eine andere Schriftart zuzuweisen. Ändern Sie jetzt die Schriftart für den gesamten Text.

So geht's:

Halten Sie die Strg Taste gedrückt und drücken Sie dann ein A

1. Markieren Sie den gesamten Text, wie Sie es in diesem Kapitel gelernt haben. Alternativ hierzu können Sie aber auch eine Tastenkombination verwenden. Tastenkombinationen sind Abkürzungen zum Ausführen von Befehlen. Drücken Sie auf der Tastatur die Tasten STRG und A. Der gesamte Brief wird markiert.

2. Dann klicken Sie mit der Maus einmal auf den kleinen Pfeil rechts neben der Schriftart. Eine Liste aller verfügbaren Schriftarten wird geöffnet.

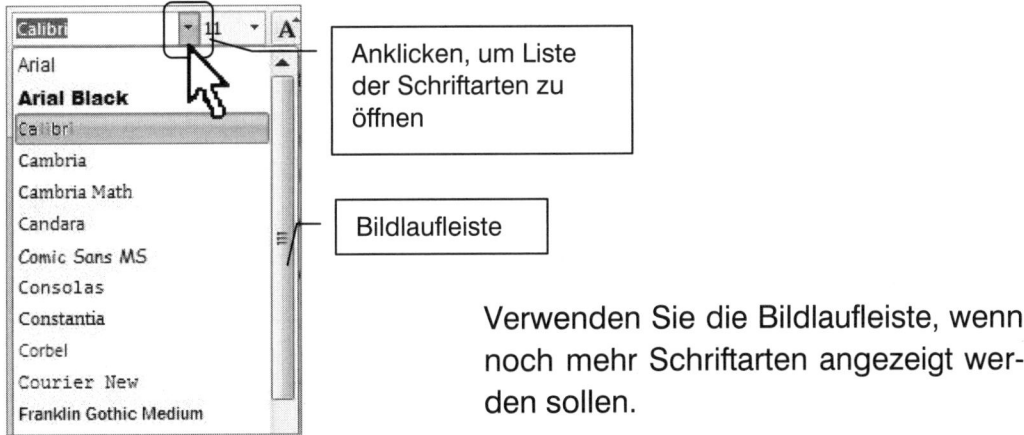

Anklicken, um Liste der Schriftarten zu öffnen

Bildlaufleiste

Verwenden Sie die Bildlaufleiste, wenn noch mehr Schriftarten angezeigt werden sollen.

3. Bewegen Sie den Mauszeiger auf eine der Schriftarten. Mit einem Mausklick auf die Schrift übernimmt der markierte Text die gewählte Schriftart.

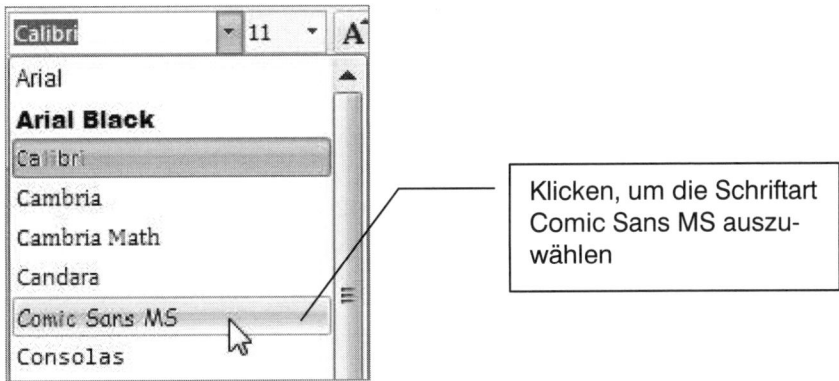

Klicken, um die Schriftart Comic Sans MS auszuwählen

Testen Sie folgenden Schriftarten:
Arial, Comic Sans MS, Georgia, Times New Roman, Trebuchet MS oder Verdana und weisen Sie dem Text zum Schluss Comic Sans MS zu.

Sicher haben Sie beim Ausprobieren der verschiedenen Schriftarten gesehen, dass Ihr Text einmal länger und einmal kürzer ist. Manche Schriftarten sind breiter als andere, z.B. benötigt Verdana mehr Platz als Times New Roman. Beim Wechsel der Schriftart ist es daher möglich, dass im Text neue Zeilen an anderer Stelle beginnen. Außerdem wurde mit Tabstopps ausgerichteter Text möglicherweise verschoben.

Schriftarten verändern den Text nicht nur im Aussehen sondern auch in der Länge

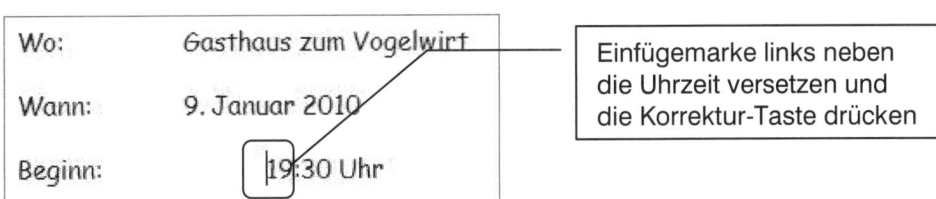

Einfügemarke links neben die Uhrzeit versetzen und die Korrektur-Taste drücken

Durch den Wechsel der Schriftart von Calibri auf Comic Sans MS wurde das Wort "Beginn" breiter. Jetzt wird an dieser Stelle nur noch eine Tabulatorschaltung benötigt. Die andere kann gelöscht werden.

Tipp

Bewegen Sie den Mauszeiger in der Liste der Schriftarten auf verschiedene Einträge und beobachten Sie dabei den markierten Text. Dieser wird nun in der Schriftart dargestellt auf die Sie gerade zeigen. Damit erhalten Sie einen Eindruck, wie Ihr Brief in dieser Schriftart aussehen würde, allerdings sehen Sie nur eine Voransicht. Um die Schriftart auszuwählen, müssen Sie mit der linken Maustaste darauf klicken.

Nun markieren Sie noch das Wort "Einladung" und weisen diesem die Schriftart Verdana zu.

Welche Schriftart habe ich verwendet?

Versetzen Sie den Cursor in das Wort "Einladung". Auf dem Menüband bei Schriftart steht nun Verdana. Versetzen Sie den Cursor an eine andere Stelle. Bei Schriftart sehen Sie nun Comic Sans MS.

Was tun, wenn …

Wenn anstelle des Textes plötzlich Symbole erscheinen,

dann haben Sie eine der **Symbolschriftarten** ausgewählt. Es gibt eine Reihe von Schriftarten die Symbole anstelle von Buchstaben enthalten, z.B. Wingding und Webdings. Machen Sie dann entweder den letzen Schritt rückgängig oder wählen Sie einfach eine andere Schriftart.

Die Schriftgröße ändern

Jetzt soll das Wort "Einladung" vergrößert werden.

So geht's:

1. Markieren Sie das Wort "Einladung".

2. Klicken Sie im Register START in der Gruppe SCHRIFTART auf den kleinen Pfeil rechts neben dem Symbol SCHRIFTGRAD (Schriftgröße).

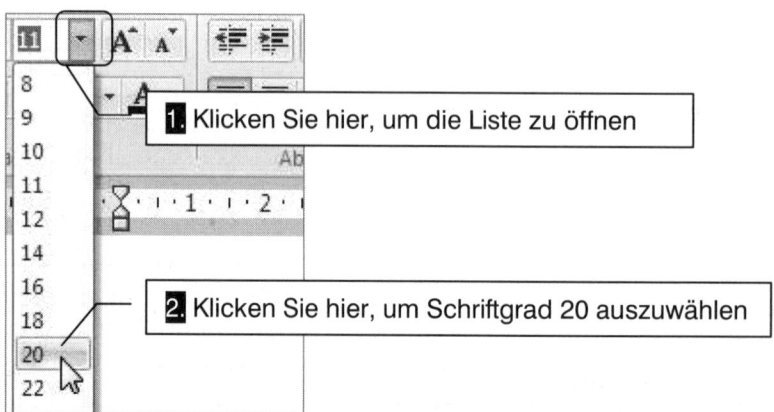

3. Eine Liste verschiedener Schriftgrößen wird geöffnet. Klicken Sie mit der Maus auf die Schriftgröße 20.

Was bedeutet diese Zahl eigentlich?

Die Schriftgröße wird in Punkt ausgedrückt. 12 Punkt (pt) entspricht der Größe der Schreibmaschineschrift, heute werden Briefe und Bücher meist mit 10 oder 11 Punkt gedruckt. Für kleinere Schriftarten wie Times New Roman können Sie aber durchaus eine Schriftgröße von 12 pt verwenden.

Die normale Schriftgröße ist 10 bis 12 Punkt

Zeilenabstand verändern

Wie Sie in der Druckvorschau gesehen haben, nimmt Ihr Text nur die Hälfte Ihres Blattes ein. Neben der Möglichkeit weitere Zeilenschaltungen einzufügen, können Sie auch den Abstand zwischen den Zeilen für den gesamten Text in einem Schritt erhöhen.

So geht's:

1. Markieren Sie den gesamten Text.

2. Klicken Sie auf dem Menüband im Register START in der Gruppe ABSATZ auf das Symbol ZEILENABSTAND.

Zeilenabstand verändern

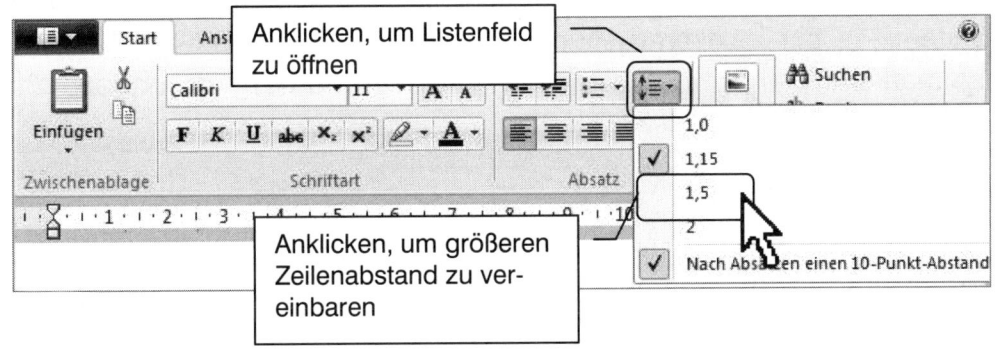

Das Häkchen vor 1,15 zeigt den aktuellen Zeilenabstand an

3. Bewegen Sie die Maus auf 1,5 und klicken Sie einmal mit der linken Maustaste.

Markieren Sie nun die Adresse des Vereins und weisen Sie diesem Bereich einen Zeilenabstand von 1,0 zu. Obwohl Sie den kleinsten hier möglichen Zeilenabstand eingestellt haben, sind die Abstände immer noch recht groß.

Neben dem Zeilenabstand ist standardmäßig ein weiterer Abstand eingestellt. Im Listenfeld des Zeilenabstands sehen Sie, dass ein 10-Punkt-Abstand noch aktiv ist.

zusätzlicher Abstand ist aktiv

Zusätzlicher Abstand gliedert den Text

Dieser sorgt dafür, dass nach jedem Absatz nochmals ein Abstand von 10 Punkten eingefügt wird. Diese Einstellung gliedert Ihren Text visuell in einzelne Einheiten. Um die zusätzlichen Abstände auszuschalten, markieren Sie nochmals die Adresse des Vereins, öffnen das Listenfeld des Zeilenabstandes und klicken einmal mit der linken Maustaste auf NACH ABSÄTZEN EINEN 10-PUNKT-ABSTAND einfügen. Dadurch verschwindet der zusätzliche Abstand.

Am Ende formatieren erspart Arbeit

> **Formatierung immer am Schluss**
>
> Sie sollten immer zuerst Ihren Text schreiben und ihn erst dann formatieren. Unterstreichen Sie beispielsweise ein Wort und schreiben dann hinter diesem Wort weiter, so wird das nächste Wort auch unterstrichen. Setzen Sie eine Zeile rechtsbündig und fügen dann eine Zeilenschaltung ein, so wird die darauffolgende Zeile auch rechtsbündig ausgerichtet. All diese ungewollten Formatierungen müssten Sie wieder umändern. Diese Regel gilt nicht, wenn Sie eine bestimmte Formatierung im gesamten Text beibehalten möchten, z.B. eine Schriftart oder Schriftgröße.

Text an eine andere Stelle verschieben

Möchten Sie nachträglich Ihren Text umstellen, etwas an der Satzreihenfolge verändern? In der Textverarbeitung kein Problem, Sie können Wörter und Sätze markieren, an einer Stelle ausschneiden und dann an anderer Stelle wieder einfügen.

So geht's:

1. Markieren Sie die Textstelle, die Sie ausschneiden wollen. Der markierte Text soll ausgeschnitten und am Anfang der Zeile eingefügt werden.

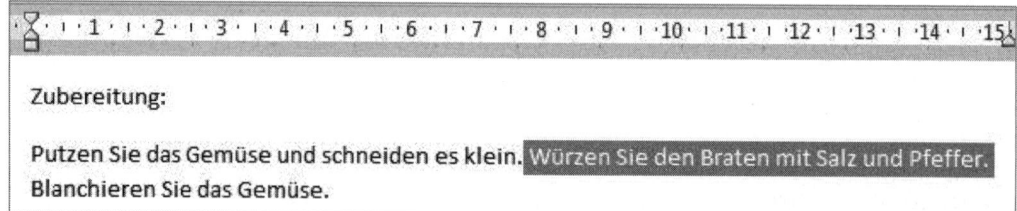

Ausschneiden
Schneiden Sie markierten Text aus

2. Jetzt klicken Sie zum Ausschneiden des markierten Textes mit der linken Maustaste einmal auf die Schaltfläche AUSSCHNEIDEN. Diese befindet sich auf dem Menüband im Register START, in der Gruppe ZWISCHENABLAGE. Der ausgeschnittene Text ist verschwunden.

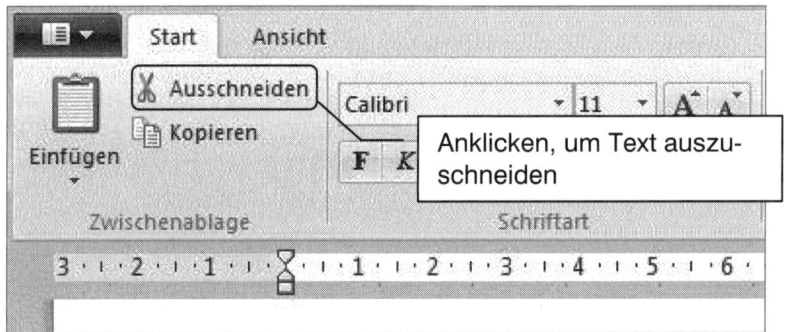

3. Nun müssen Sie angeben, wo Sie den Text wieder einfügen wollen. Klicken Sie dazu an die gewünschte Stelle im Text, um die Einfügemarke zu versetzen.

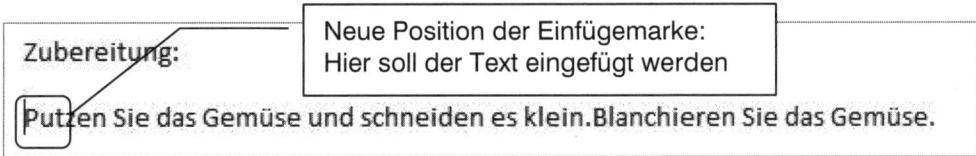

Klicken Sie mit der Maus auf die Schaltfläche EINFÜGEN. Der zuvor ausgeschnittene Text wird dort eingefügt, wo sich die Einfügemarke befindet.

> Zubereitung:
>
> Würzen Sie den Braten mit Salz und Pfeffer. Putzen Sie das Gemüse und schneiden es klein.Blanchieren Sie das Gemüse.

Einfügen
Dieses Symbol fügt zuvor ausgeschnittenen Text dort ein, wo sich die Einfügemarke befindet

In diesem Beispiel hat sich am Anfang der Zeile ein Leerzeichen eingeschlichen. Stellen Sie den Cursor vor "Würzen" und löschen Sie mit der Korrektur-Taste. Vielleicht müssen Sie aber auch zwischen die Sätze ein Leerzeichen einfügen.

Text mit der Maus verschieben

Sie können aber auch die Maus zum Verschieben von Text verwenden. Wahrscheinlich haben Sie schon öfter versehentlich Text verschoben, beispielsweise beim Markieren von Text.

So geht's:

1. Markieren Sie zuerst die betreffende Stelle und lassen Sie die Maustaste wieder los. Bewegen Sie nun den Mauszeiger auf den markierten Text.

Lassen Sie nach dem Markieren die Maustaste wieder los

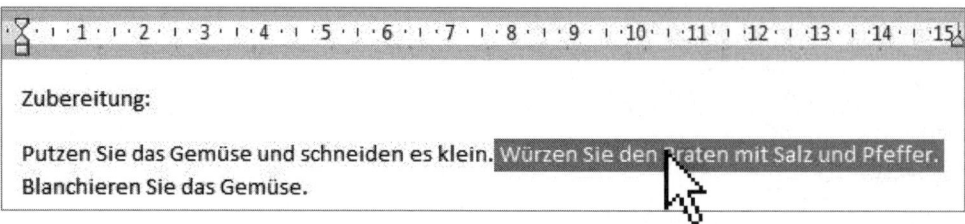

Dieser Mauszeiger
bedeutet, Sie ver-
schieben den
markierten Text

2. Jetzt drücken Sie die linke Maustaste, halten sie gedrückt und bewegen
die Maus. Die Einfügemarke, bzw. der Mauszeiger ist nun mit einem kleinen Kästchen versehen und wandert im Text mit. Lassen Sie die Maustaste erst wieder los, wenn sich die **Einfügemarke** an der Stelle befindet,
an die Sie den Text verschieben wollen.

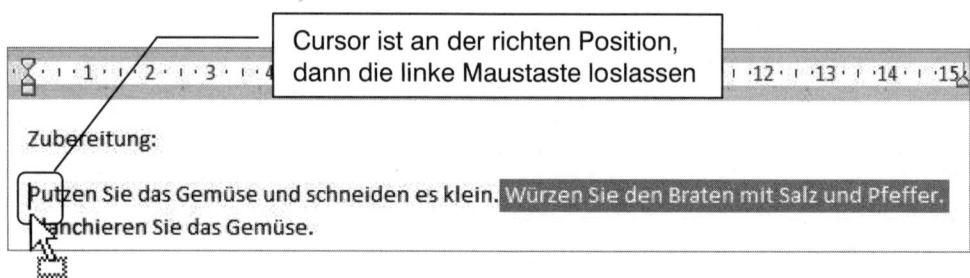

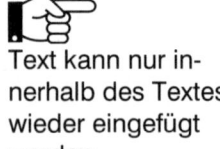

Text kann nur in-
nerhalb des Textes
wieder eingefügt
werden.

Hinweis:

Sie können Wörter und Sätze immer nur innerhalb des Textes wieder einfügen. Möchten Sie ausgeschnittenen Text mit einigen Leerzeilen Abstand
wieder einfügen, so müssen Sie zuerst Leerzeilen am Textende durch Drücken der Eingabetaste anfügen. Dann erst fügen Sie den Text in eine der
Leerzeilen ein.

Text kopieren

Kopieren bedeutet, der markierte Text bleibt am ursprünglichen Ort erhalten,
die Kopie kann an beliebigen Stellen auch mehrmals eingefügt werden. Eine
Anwendung wäre z.B. eine Liste, in die sich verschiedene Personen eintragen können, um sich zu einer Veranstaltung anzumelden.

So geht's:

Mit diesem Sym-
bol **kopieren** Sie
den markierten
Text.

1. Öffnen Sie ein neues Dokument und geben Sie folgenden Text ein:

2. Markieren Sie den Text und die leere Zeile unter dem Text. Die leere Zeile zu markieren ist zwar nicht unbedingt erforderlich, aber praktisch, da Sie so immer auch einen Abstand zwischen den einzelnen Informationen einfügen.

3. Dann klicken Sie auf dem Menüband, im Register START, in der Gruppe ZWISCHENABLAGE auf die Schaltfläche KOPIEREN.

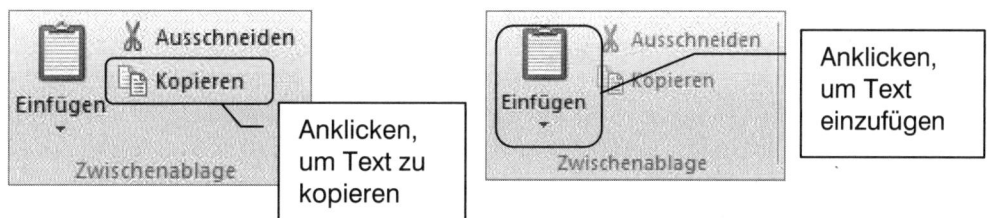

4. Klicken Sie mit der Maus an die Stelle, an der Sie die Kopie einfügen wollen. In unserem Beispiel klicken Sie in die Zeile unter dem Text und drücken einmal die Enter-Taste, um noch einen Abstand einzufügen. Jetzt klicken Sie im Menüband in der Gruppe ZWISCHENABLAGE auf die Schaltfläche EINFÜGEN.

Wenn Sie ein zweites Mal auf die Schaltfläche EINFÜGEN klicken, wird der kopierte Text nochmals eingefügt. Dies funktioniert solange, bis Sie den nächsten Text ausschneiden, kopieren oder WordPad beenden.

Da Sie einen Zeilenabstand kopiert haben, wird auch dieser eingefügt und Sie müssen keine weiteren Leerzeilen dazwischen einfügen.

Wo ist eigentlich die automatische Rechtschreibkontrolle?

Vielleicht haben Sie schon gehört, dass Textverarbeitungsprogramme die Rechtschreibung überprüfen. Dies trifft aber nicht auf alle Programme zu, so verfügt beispielsweise WordPad über keine automatische Rechtschreibprüfung. Aber auch wenn Sie mit Microsoft Word einen Text schreiben, werden Rechtschreibfehler nicht automatisch korrigiert, sondern nur rot unterstrichen. Einige Fehler werden aber auch von der Rechtschreibkontrolle nicht erkannt.

Eine automatische Rechtschreibprüfung erkennt nicht alle Fehler

Druckseite einrichten

Die Druckvorschau

In der Druckvorschau wird Ihr Text verkleinert dargestellt und Sie sehen die ganze Seite

Bisher kennen Sie den Text nur aus der Bildschirmansicht. Wenn Sie wissen möchten, wie dieser Text gedruckt aussieht, dann brauchen Sie die Druckvorschau. Damit vermeiden Sie unnötigen Papierverbrauch beim Ausdruck.

Im Kapitel 4 haben wir das Symbol für die Druckvorschau schon dem SCHNELLZUGRIFF hinzugefügt. Benutzen Sie dieses Symbol.

So geht's:

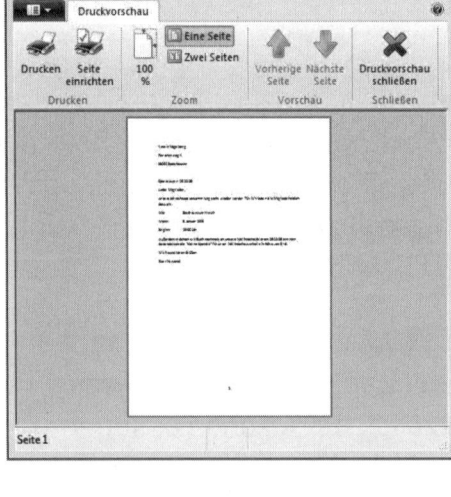

Anklicken, um Druckvorschau zu öffnen

1. Klicken Sie im Schnellzugriff einmal mit der linken Maustaste auf das Symbol DRUCKVORSCHAU.

2. WordPad zeigt nun Ihren Brief an, wie er auf einer Seite im Format A4 gedruckt würde.

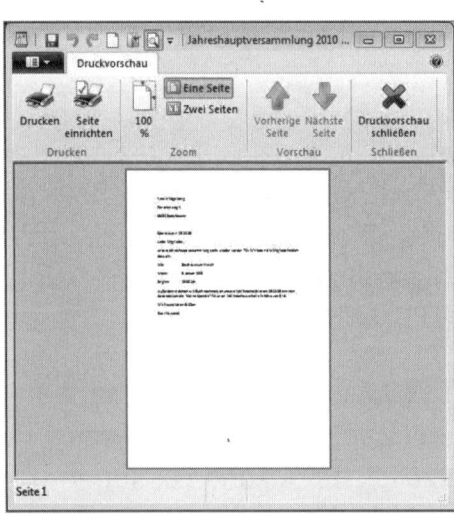

In der Druckvorschau sehen Sie jetzt, dass Ihr Text eigentlich nur die Hälfte des Blattes einnimmt. Sie könnten den Text also beispielsweise durch einige Zeilenschaltungen etwas in die Länge strecken.

Da Ihr Dokument im Moment nur eine Seite umfasst, sind einige Schaltflächen hellgrau, also nicht aktiv.

Vorherige Nächste Seite Seite	Bei einem Dokument mit mehreren Seiten wechseln Sie durch Anklicken der Symbole zwischen den Seiten.
Drucken	Über die Schaltfläche DRUCKEN kann das Dokument gleich ausgedruckt werden.
Seite einrichten	Klicken Sie auf dieses Feld, um die Seitenränder Ihres Blattes zu verändern. Dies wird in diesem Kapitel noch genauer erklärt.

3. Die Druckvorschau soll Ihnen nur einen Überblick über das Aussehen eines Textes auf dem Blatt vermitteln. Möchten Sie dennoch in der Druckvorschau etwas genauer betrachten, so können Sie den Text vergrößern. Bewegen Sie dazu den Mauszeiger auf die Textstelle, die vergrößert werden soll. Sie sehen, der Mauszeiger verwandelt sich in eine Lupe. Jetzt klicken Sie einmal mit der linken Maustaste auf das Blatt. Um den Text wieder zu verkleinern, klicken Sie einfach nochmals auf das Blatt.

Die Lupe vergrößert Ihren Text in der Druckvorschau

4.  In der Druckvorschau können Sie Ihren Text nicht bearbeiten. Zum Verlassen der Druckvorschau klicken Sie auf DRUCKVORSCHAU SCHLIEßEN.

Seite einrichten

Sicherlich haben Sie in der Druckvorschau die **Seitenränder** bemerkt. Im Bearbeitungsfenster wird der obere und untere Rand nicht angezeigt, um für die Anzeige des Textes mehr Platz zur Verfügung zu stellen. Dennoch werden alle Seitenränder beim Ausdruck berücksichtigt. Die Seitenränder können Sie auch noch nachträglich ändern:

Seitenränder ändern

So geht's:

1. Klicken Sie auf die blaue WordPad-Schaltfläche links oben im Fenster.

WordPad-Schaltfläche anklicken

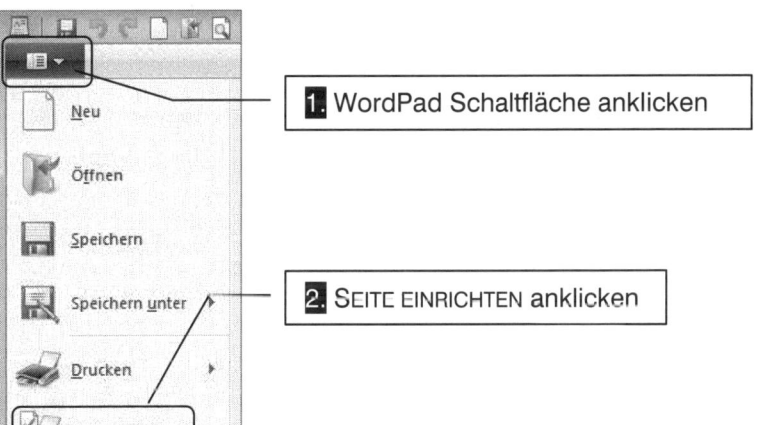

2. Im sich öffnenden Listenfeld klicken Sie auf SEITE EINRICHTEN.

3. Falls Sie sich in der Druckvorschau befinden, können Sie auch von dort über die Schaltfläche SEITE EINRICHTEN das folgende Dialogfenster aufrufen.

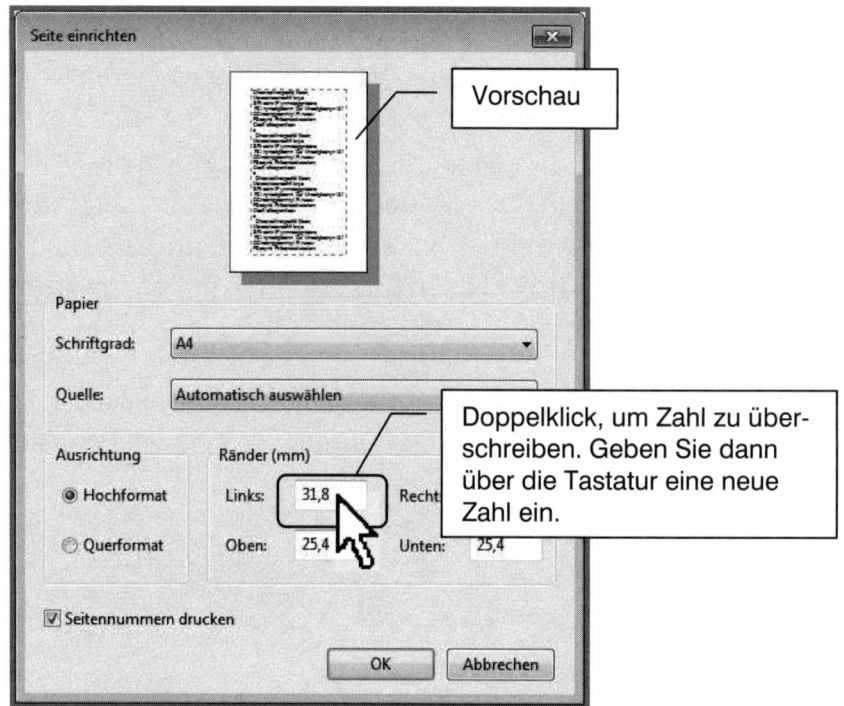

Ein **Doppelklick** in ein **Eingabefeld** markiert automatisch den gesamten Inhalt. Eine Tastatureingabe überschreibt anschließend die Markierung

4. Zur Eingabe der Seitenränder finden Sie vier Eingabefelder. Klicken Sie in das Feld für den linken Seitenrand mit Doppelklick und geben Sie über die Tastatur die Zahl 25 als Seitenrand (in mm) ein. Anschließend verfahren Sie genauso mit dem rechten Seitenrand, als oberen Seitenrand geben Sie 45 (mm) an.

5. Klicken Sie mit der Maus auf die Schaltfläche OK, um die Seitenränder zu übernehmen.

Ein kleiner Trick

> **Tipp**
>
> Passt Ihr Text einmal gerade nicht mehr auf ein Blatt, so verringern Sie einfach den oberen und unteren Rand um ein paar Millimeter. Schon ist das Problem behoben.

Papierausrichtung

Blatt von Hochformat ins Querformat legen

Über das Dialogfenster SEITE EINRICHTEN können Sie auch die Ausrichtung Ihres Blattes verändern. Standardmäßig befinden Sie sich im Hochformat. Sie können Ihr Blatt aber auch ins **Querformat** legen. Klicken Sie hierzu in den Kreis vor QUERFORMAT.

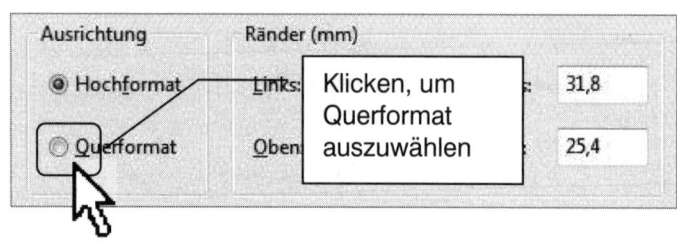

Seitenzahlen drucken

Außerdem werden Ihre Seiten standardmäßig durchnummeriert. Sie sehen die **Seitenzahl** in der Druckvorschau. Die Seitenzahlen befinden sich am unteren Rand des Blattes in der Mitte. Enthält Ihr Dokument nur eine Seite, so möchten Sie die Seitenzahl wahrscheinlich nicht anzeigen. Dann müssen Sie im Dialogfenster SEITE EINRICHTEN die Seitenzahlen ausschalten. Entfernen Sie das Häkchen vor Seitenzahlen, indem Sie einmal mit der linken Maustaste darauf klicken.

Seitenzahlen ausschalten

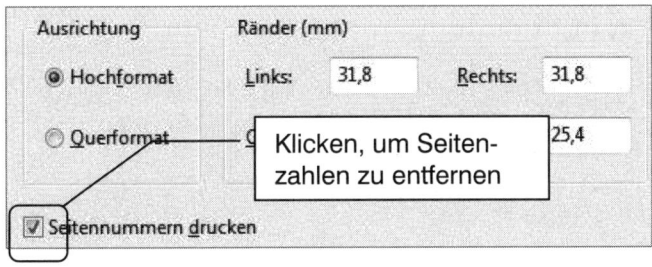

Text drucken

Vor dem Drucken sollten Sie den Brief in der Druckvorschau kontrollieren. Möchten Sie anschließend den Text sofort drucken, so verwenden Sie in der Druckvorschau die Schaltfläche DRUCKEN. Es öffnet sich das Dialogfenster DRUCKEN und Sie bestätigen hier die Schaltfläche DRUCKEN.

Kontrollieren Sie den Brief vor dem Drucken in der **Druckvorschau.**

Möchten Sie am Text noch etwas ändern, klicken Sie auf die Schaltfläche DRUCKVORSCHAU SCHLIEßEN, um zur Textbearbeitung zurückzukehren.

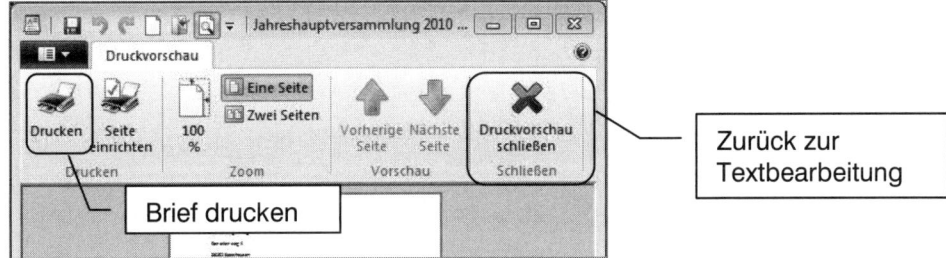

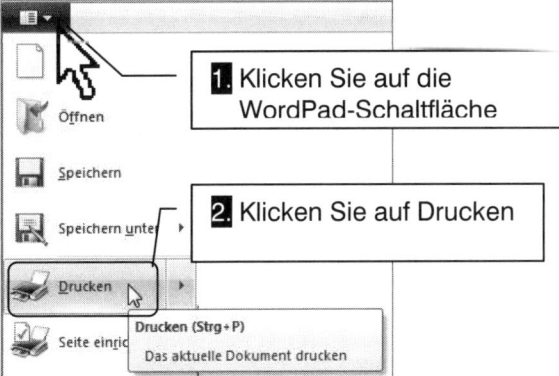

Sie können auch aus der Textbearbeitung den Text drucken. Klicken Sie auf die WordPad-Schaltfläche und dann auf DRUCKEN.

Das Dialogfenster DRUCKEN öffnet sich. Sie können auch gleich mehrere Exemplare Ihres Briefes ausdrucken. Klicken Sie dazu mit der Maustaste auf das obere Dreieck bei ANZAHL EXEMPLARE. Bestätigen Sie dann Ihren Druckauftrag über die Schaltfläche DRUCKEN.

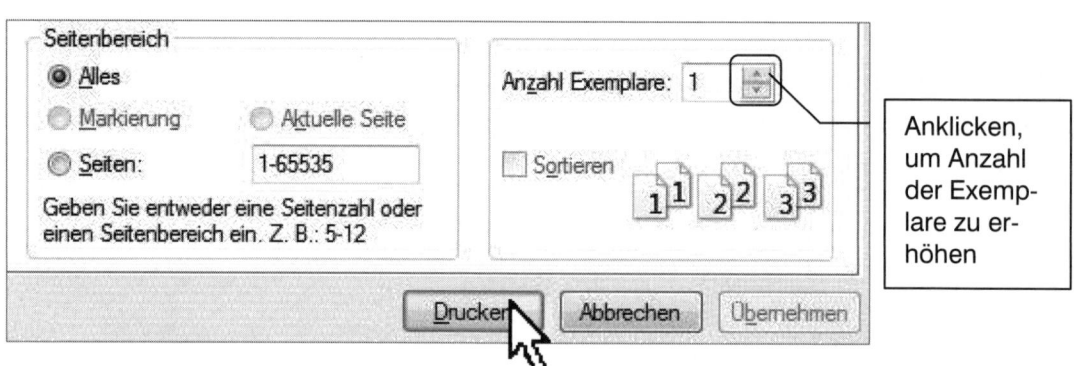

Anklicken, um Anzahl der Exemplare zu erhöhen

Das Dokument wird nicht ausgedruckt

Kontrollieren Sie zunächst, ob der Drucker eingeschaltet ist und sich Papier im Einzug befindet. Danach überprüfen Sie, ob sich das Kabel zwischen Drucker und Computer gelockert hat.

8   Bibliotheken und CDs im Griff

In dieser Lektion lernen Sie ...

- *einen neuen Ordner anlegen*
- *Namen von Dateien und Ordnern ändern*
- *Dateien in einen anderen Ordner verschieben oder kopieren*
- *nicht mehr benötigte Dateien und Ordner löschen*
- *Dateien auf eine CD / DVD brennen*
- *Dateien auf einen USB-Stick kopieren*

Was Sie für diese Lektion bereits können sollten:

- *Text eingeben und korrigieren*
- *eine Datei Speichern*
- *Bibliotheken und Ordner öffnen*

Einen neuen Ordner anlegen

Wozu Ordner benötigt werden, haben Sie bereits kennengelernt. Wenn Sie auch bei einer Vielzahl von gespeicherten Dateien noch die Übersicht behalten wollen, dann sollten Sie weitere Unterordner für verschiedene Zwecke anlegen.

Unterordner erleichtern die Suche nach Dateien

Beispiel: Sie möchten alle Protokolle Ihrer Vereinssitzungen in einem Ordner abspeichern.

So geht's:

1. Öffnen Sie die Bibliothek DOKUMENTE im Startmenü.

2. Klicken Sie mit der Maus auf die Schaltfläche NEUER ORDNER auf der Symbolleiste.

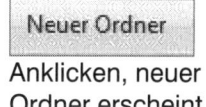

Anklicken, neuer Ordner erscheint

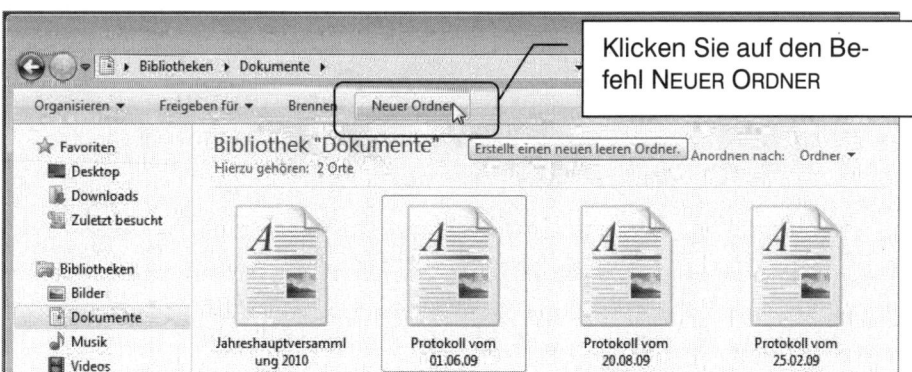

3. Sofort erscheint im Inhaltsbereich rechts ein neuer Ordner, vorerst mit dem Namen NEUER ORDNER.

4. Der Ordnername ist mit einem Rahmen versehen und markiert, das bedeutet Windows erwartet von Ihnen eine Tastatureingabe. Klicken Sie also jetzt nicht mit der Maus!

Tippen Sie auf der Tastatur den neuen Namen ein

Tippen Sie über die Tastatur den neuen Namen "Literaturkreis" ein und drücken Sie dann entweder die Eingabe-Taste oder klicken auf eine leere Stelle im Fenster.

Öffnen Sie den neuen Ordner mit einem Doppelklick. Sie sehen einen leeren Inhaltsbereich, der Ordner ist leer. Mit einem Mausklick auf das Symbol ZURÜCK kehren Sie zurück zur Bibliothek DOKUMENTE.

2x
um Ordner zu öffnen

ZURÜCK zur Bibliothek DOKUMENTE

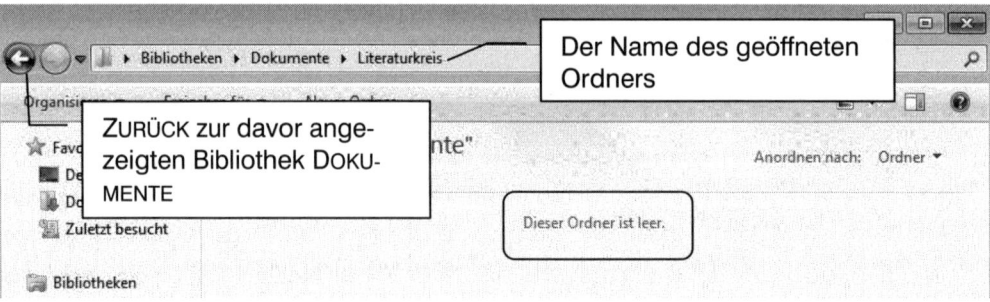

Die Regeln gelten auch für Namen von Dateien!

Was ist bei Ordnernamen zu beachten?

Ein Ordnername und auch ein Dateiname muss eindeutig sein, darf also immer nur einmal im Ordner vorhanden sein.

Alle Buchstaben und Ziffern sind erlaubt, mit Ausnahme der folgenden Sonderzeichen " / \ | < > : ? *

Ordner im Navigationsbereich anzeigen

Im Navigationsbereich des Windows Explorers werden alle Standardbibliotheken angezeigt. Die Bibliothek DOKUMENTE enthält nun den Ordner "Literaturkreis". Auch diesen können Sie im Navigationsbereich anzeigen.

Ich sehe den Ordner doch. Warum soll ich ihn nochmals anzeigen?
Um Dateien in einen Ordner zu verschieben bzw. zu kopieren ist es unter Umständen unumgänglich, dass Sie den Ordner im Navigationsbereich anzeigen.

So geht's:

1. Bewegen Sie den Mauszeiger auf die Bibliothek DOKUMENTE. Vor DOKUMENTE erscheint nun ein kleines Dreieck. Dies bedeutet, dass die Bibliothek Unterordner enthält.

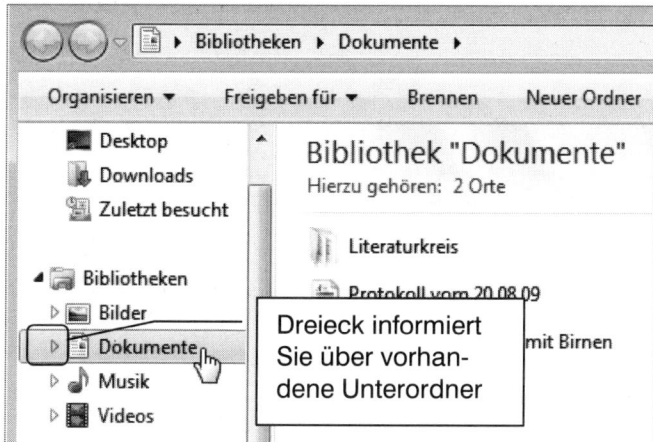

2. Klicken Sie auf das Dreieck, um die Unterordner anzuzeigen.

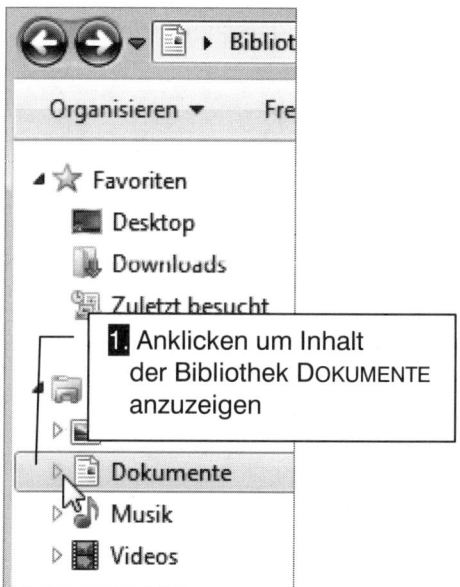

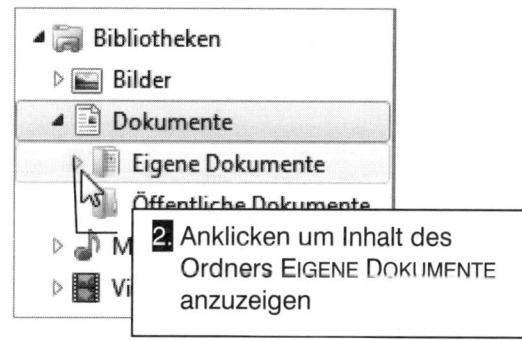

Die Bibliothek Dokumente beinhaltet zwei Ordner: den Ordner EIGENE DOKUMENTE und den Ordner ÖFFENTLICHE DOKUMENTE. Diese Unterteilung sehen Sie im Inhaltsbereich des Windows Explorers nicht.

3.

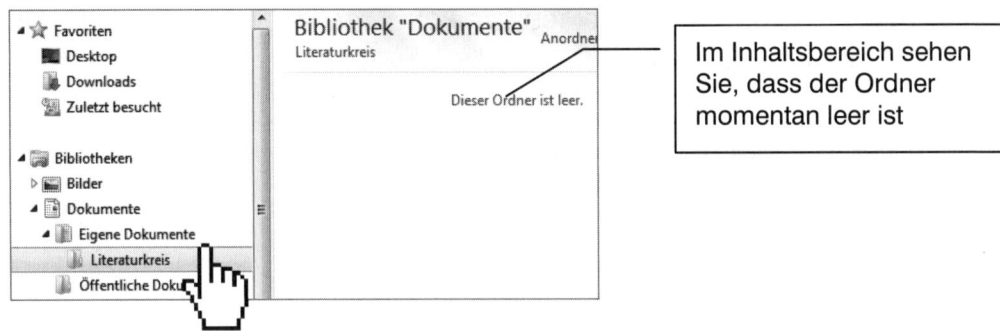

Der Ordner "Literaturkreis" befindet sich im Ordner EIGENE DOKUMENTE. Klicken Sie auf das Dreieck vor EIGENE DOKUMENTE.

Im Navigationsbereich werden nur Ordner angezeigt. Dateien sehen Sie nur im Inhaltsbereich.

Inhalt des Ordners anzeigen

4. Zeigen Sie nun den Inhalt des Ordners "Literaturkreis" an. Klicken Sie dazu im Navigationsbereich einmal auf den Ordner "Literaturkreis". Der Inhalt wird im Inhaltsbereich angezeigt.

Im Inhaltsbereich sehen Sie, dass der Ordner momentan leer ist

5. Die schwarzen, nach unten weisenden Dreiecke bedeuten, dass die Unterordner bereits angezeigt werden. Wenn Sie auf ein solches Dreieck klicken, wird der Unterordner wieder ausgeblendet.

Dateien und Ordner umbenennen

Sie können den Namen von Ordnern und Dateien ändern.

So geht's:

1. Klicken Sie einmal auf das Symbol des Ordners oder der Datei, um das Element zu markieren.

2.

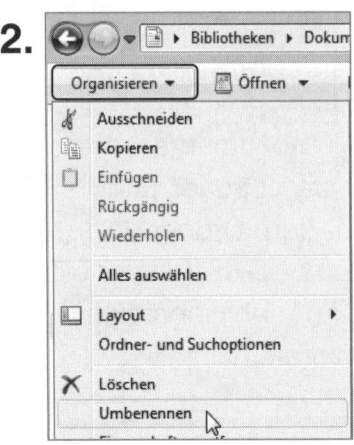

Dann klicken Sie mit der Maus auf die Schaltfläche ORGANISIEREN auf der Symbolleiste. Im Menü finden Sie den Befehl UMBENENNEN. Der Name des Ordners oder der Datei ist jetzt markiert.

3.  Geben Sie den neuen Dateinamen auf der Tastatur ein und bestätigen Sie entweder mit der Eingabe-Taste oder klicken Sie auf eine freie Stelle des Ordners.

Probleme beim Erstellen von Ordnern:

Manchmal können Sie den Namen des gerade erstellten Ordners nicht mehr ändern. Dann haben Sie vermutlich die Eingabe-Taste gedrückt oder mit der Maus den Namen NEUER ORDNER übernommen. In diesem Fall benennen Sie den Ordner einfach um.

Betrachten Sie den Ordnernamen genauer:

	**Sieht er so aus?** Dann ist der Ordner im **Textmodus**: der Name des Ordners ist markiert und Sie können über die Tastatur sofort einen neuen Namen eingeben.
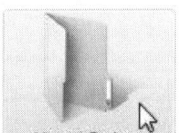	**oder so?** Dann ist der gesamte Ordner markiert, der Name kann nicht geändert werden. Klicken Sie mit der Maus einmal auf den **Namen** NEUER ORDNER. Markieren Sie den Ordner und wählen Sie über die Schaltfläche ORGANISIEREN den Befehl UMBENENNEN aus.

Ein Ordnername kann nur im Textmodus geändert werden

Worauf Sie beim Umbenennen von Dateien achten sollten

Normalerweise sind die so genannten Dateinamenserweiterungen, zum Beispiel .doc für Word Dateien, .jpg für Bilddateien oder .rtf für WordPad Dateien nicht sichtbar. Je nach Einstellungen sind diese aber manchmal sichtbar. Dann müssen Sie sie beim Umbenennen unbedingt beibehalten. Sonst kann die Datei beim Öffnen keinem Programm mehr zugeordnet werden und wird damit unbrauchbar.

Da die Dateinamenserweiterung beim Umbenennen nicht markiert wird, können Sie sie auch nicht überschreiben. Keinesfalls dürfen Sie sie löschen.

Achten Sie auf Dateinamenserweiterungen!

Dateien an einen anderen Ort verschieben

Sie haben jetzt gelernt, einen neuen Ordner anzulegen, z.B. den Ordner "Literaturkreis". Dieser ist allerdings noch leer. Natürlich möchten Sie jetzt die Dateien, z.B. Protokolle in diesem Ordner anzeigen. Dazu müssen Sie die Protokolle, die in der Bibliothek DOKUMENTE gespeichert sind, aus dieser entfernen und in den Ordner "Literaturkreis" einfügen. Zum üben, erstellen Sie über WordPad zwei Dokumente mit den Dateinamen "Protokoll 01.06.09" und "Protokoll 20.08.09" und speichern diese in der Bibliothek DOKUMENTE ab.

Dateien verschieben - so geht's:

1. Klicken Sie einmal auf das Symbol der Datei, die Sie verschieben wollen und lassen Sie die Maustaste wieder los. Die Datei ist markiert.

Ziehen bedeutet: drücken Sie die linke Maustaste und halten Sie die Taste gedrückt, während Sie die Maus bewegen

2. Bewegen Sie den Mauszeiger auf die markierte Datei. Ziehen Sie nun das Symbol mit gedrückter linker Maustaste in Richtung Zielordner. Lassen Sie die Maustaste erst los, wenn der Zielordner markiert ist und die Information NACH LITERATURKREIS VERSCHIEBEN erscheint.

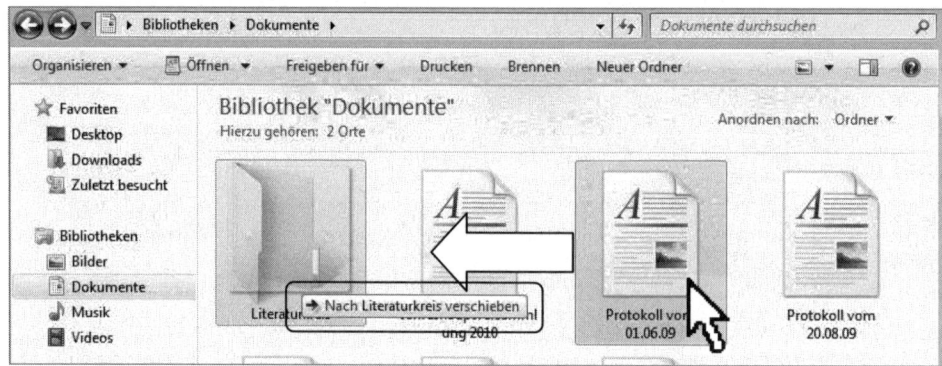

3. Die Datei verschwindet aus der Bibliothek DOKUMENTE und befindet sich nun im Zielordner.

Alternative zum Verschieben von Dateien:

Zeigen Sie den Ordner "Literaturkreis" im Navigationsbereich an. Der Ordner "Literaturkreis" im Navigationsbereich und der Ordner "Literaturkreis" im Inhaltsbereich sind identisch. Es handelt sich nur um eine andere Form der Anzeige.

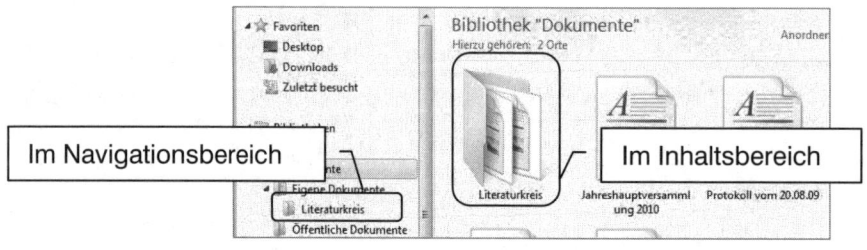

Verschieben Sie nun die Datei Protokoll in den Ordner Literaturkreis, der im Navigationsbereich sichtbar ist.

So geht's:

Markieren Sie die Datei "Protokoll", klicken Sie sie nochmals an und halten Sie die linke Maustaste gedrückt. Dann ziehen Sie die Datei auf den Ordner "Literaturkreis" im Navigationsbereich. Lassen Sie die Maustaste los, sobald der Zielordner markiert ist.

Dateien kopieren

Wenn Sie eine Datei kopieren, sind anschließend zwei Exemplare vorhanden. Häufig benutzt man diese Möglichkeit, wenn man Informationen auf einen USB-Speicherstift übertragen möchte. Eine weitere Anwendungsform wäre z.B.: Sie haben ein Dokument, dessen Inhalt sie leicht abändern möchten. Dann kopieren Sie die Datei und ändern die Kopie ab. So haben Sie das Original und die geänderte Kopie.

So geht's:

1.  Markieren Sie die Datei und klicken Sie auf die Schaltfläche ORGANISIEREN. Klicken Sie im Menü auf den Befehl KOPIEREN.

2. Öffnen Sie dann den Ordner, in den die Kopie eingefügt werden soll.

3. Klicken Sie wieder auf die Schaltfläche ORGANISIEREN und wählen Sie jetzt den Befehl EINFÜGEN. Die kopierte Datei ist nun doppelt auf Ihrer Festplatte vorhanden.

Wollen Sie die Kopie im selben Ordner einfügen, dann klicken Sie zunächst auf ORGANISIEREN und KOPIEREN. Einen anderen Ordner brauchen Sie nicht auszuwählen, also klicken Sie sofort auf ORGANISIEREN und EINFÜGEN. In diesem Fall wird dem Dateinamen der Zusatz KOPIE hinzugefügt.

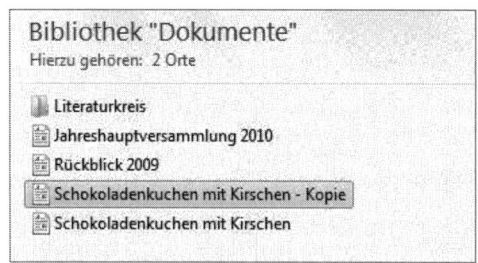

In einem zweiten Schritt können Sie die Datei dann umbenennen, z.B. in Schokoladenkuchen mit Birnen.

Ausschneiden = Verschieben

Sicherlich haben Sie in der Liste der Schaltfläche ORGANISIEREN auch den Befehl AUSSCHNEIDEN bemerkt. Dieser wird genauso gehandhabt wie der Befehl KOPIEREN. Allerdings wird die Datei am Ursprungsort entfernt und an einem anderen Ort eingefügt. Damit verschieben Sie die Datei.

So markieren Sie gleich mehrere Dateien auf einmal (Mehrfachmarkierung):

Sie können auch gleich mehrere Dateien kopieren oder verschieben bzw. ausschneiden und einfügen.

Alles markieren:

Strg + A
Markiert den gesamten Ordnerinhalt.

Um den gesamten Inhalt des Ordners zu markieren, verwenden Sie auf der Tastatur die Tastenkombination Strg und A: Drücken Sie zuerst die Taste Strg (Steuerung) und halten Sie die Taste gedrückt. Dann drücken Sie kurz die Taste A und lassen anschließend beide Tasten wieder los. Alle Dateisymbole des geöffneten Ordners sind markiert.

Aufeinanderfolgende Dateisymbole markieren:

Dazu beginnen Sie an einer freien Stelle im Anzeigebereich des Ordners oder der Bibliothek. Drücken Sie die linke Maustaste und halten Sie die Taste gedrückt, während Sie mit der Maus ziehen. Es erscheint ein Rahmen den Sie einfach über die Dateisymbole vergrößern. Dann lassen Sie die Maustaste wieder los.

Achtung: Die Markierung wird wieder aufgehoben, sobald Sie mit der Maus an eine beliebige Stelle außerhalb der Markierung klicken.

Dateien in einen Ordner speichern

Wenn Sie einen neuen Unterordner erstellt haben, möchten Sie weitere Dokumente vielleicht gleich in diesen Ordner speichern.

So geht's:

Öffnen Sie WordPad. Stellen Sie sich vor, Sie wollen ein weiteres Protokoll verfassen und speichern. Schreiben Sie ein paar Worte und klicken Sie dann auf die Schaltfläche SPEICHERN im Schnellzugriff. Als Speicherort wird die Bibliothek DOKUMENTE angezeigt. Im Inhaltsbereich ist der Ordner Literaturkreis sichtbar.

Anklicken, um Dokument zu speichern

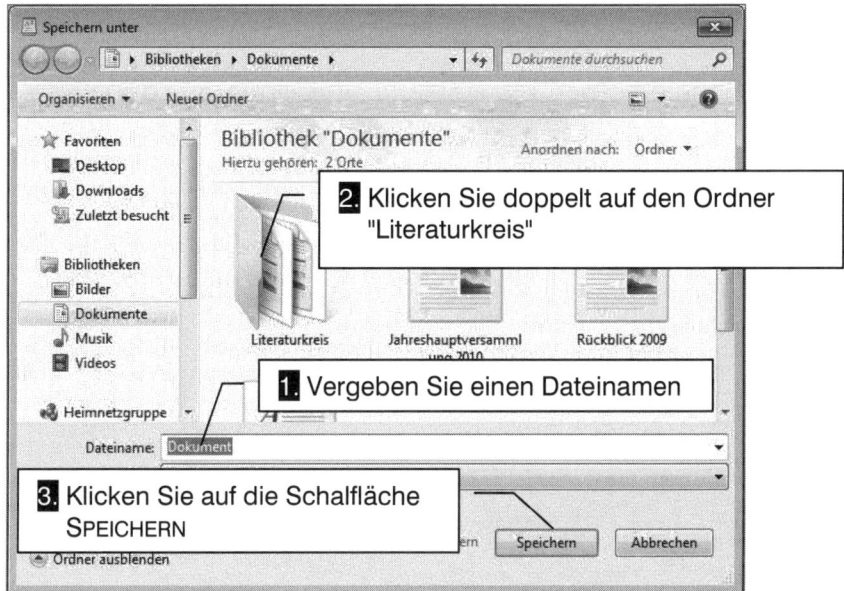

Durch den Doppelklick auf das Symbol wird der Ordner "Literaturkreis" geöffnet und erscheint oben als neuer Speicherort.

Auswahl des neuen Speicherorts

Speicherort kontrollieren

Wenn Sie das nächste WordPad-Dokument speichern, ist jetzt unter Umständen als Speicherort der Ordner "Literaturkreis" ausgewählt. Wahrscheinlich möchten Sie jetzt gar nicht in diesen Ordner speichern. Wählen Sie wieder die Bibliothek DOKUMENTE durch Anklicken im Navigationsbereich aus.

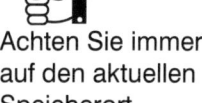

Achten Sie immer auf den aktuellen Speicherort

Dateien und Ordner löschen

Sie wollen aufräumen und eine nicht mehr benötigte Datei oder einen ganzen Ordner von der Festplatte löschen? Bevor Sie mit dem Löschen beginnen, sollten Sie noch wissen, dass gelöschte Dateien nicht sofort von der Festplatte entfernt, sondern noch eine Weile im PAPIERKORB aufbewahrt werden. Eine versehentlich gelöschte Datei kann im PAPIERKORB wiederhergestellt werden. Dies gilt auch für Ordner.

So geht's:

Markieren Sie die Datei

1. Klicken Sie einmal auf das Symbol der Datei oder des Ordners, um das Element zu markieren.

2. Klicken Sie auf die Schaltfläche ORGANISIEREN und dann auf den Befehl LÖSCHEN.

3.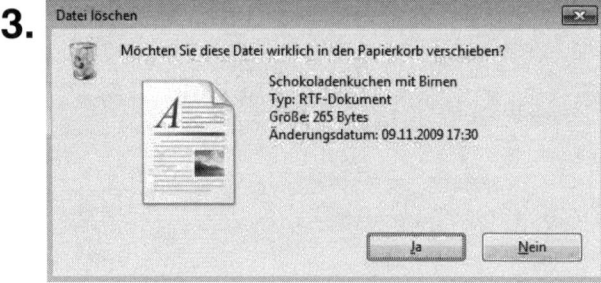

Zur Sicherheit werden Sie nochmals gefragt, ob Sie löschen möchten. Klicken Sie zur Bestätigung auf die Schaltfläche JA, damit verschwindet die Datei aus dem Ordner.

Mit der Tastatur löschen

Mit der Taste Entf auf der Tastatur löschen

Die Taste **Entf** auf der Tastatur haben Sie bereits kennen gelernt. Diese Taste können Sie auch zum Löschen von Dateien und Ordnern verwenden. Markieren Sie die Datei oder den Ordner und drücken Sie auf der Tastatur die Taste **Entf**.

Fehlermeldung: Datei kann nicht gelöscht werden

Möglicherweise erhalten Sie beim Löschen eine Meldung, dass die Datei nicht gelöscht werden kann, da sie gerade von einem Programm verwendet wird. Das bedeutet, dass Sie die Datei im Hintergrund beispielsweise mit WordPad oder einem anderen Programm geöffnet haben. Mit einem Blick in die Taskleiste können Sie dies kontrollieren. In diesem Fall müssen Sie zuerst das Programm und damit die Datei schließen. Erst dann kann die Datei gelöscht werden.

Eine geöffnete Datei kann nicht gelöscht werden!

Gelöschtes aus dem Papierkorb zurückholen

Haben Sie versehentlich eine Datei (oder einen Ordner) gelöscht? Solange sich die Datei noch im Papierkorb befindet, kann sie zurückgeholt werden.

So geht's:

4. Das Symbol Papierkorb befindet sich auf dem Desktop. Öffnen Sie den Papierkorb mit einem Doppelklick auf das Symbol. Der Inhalt des Papierkorb erscheint in einem Ordnerfenster.

Papierkorb

2x klicken, um den Papierkorb zu öffnen

1. Klicken Sie auf das Symbol der Datei, die Sie aus dem Papierkorb zurückholen wollen. Die Datei ist nun markiert.

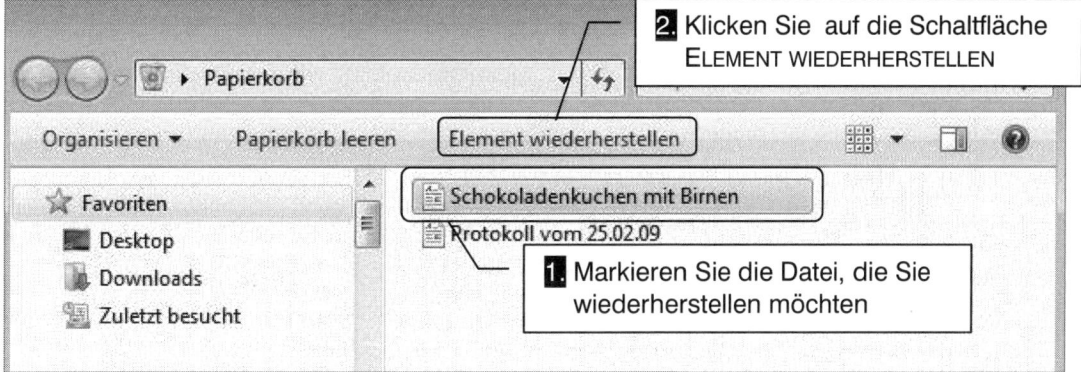

2. Klicken Sie mit der Maus auf die Schaltfläche ELEMENT WIEDERHERSTELLEN.

3. Die markierte Datei verschwindet aus dem Papierkorb und wird automatisch am ursprünglichen Speicherort wiederhergestellt und kann dort wieder geöffnet werden.

Die Datei unbedingt markieren!

Vergessen Sie nicht, die Datei im Papierkorb zu markieren, sonst wird nicht nur die Datei sondern alle Elemente des Papierkorbs wiederhergestellt.

Wie lange werden gelöschte Dateien und Ordner im Papierkorb aufbewahrt?

Gelöschte Dateien verbleiben solange im Papierkorb, bis Sie entweder den Papierkorb leeren oder der Papierkorb voll ist. In diesem Fall werden diejenigen Dateien, die sich am längsten darin befinden automatisch und ohne Rückfrage aus dem Papierkorb entfernt.

Zum Leeren des Papierkorbs klicken Sie im geöffneten Papierkorb auf die Schaltfläche PAPIERKORB LEEREN. Damit werden alle Elemente endgültig aus dem Papierkorb entfernt und können nicht mehr wiederhergestellt werden.

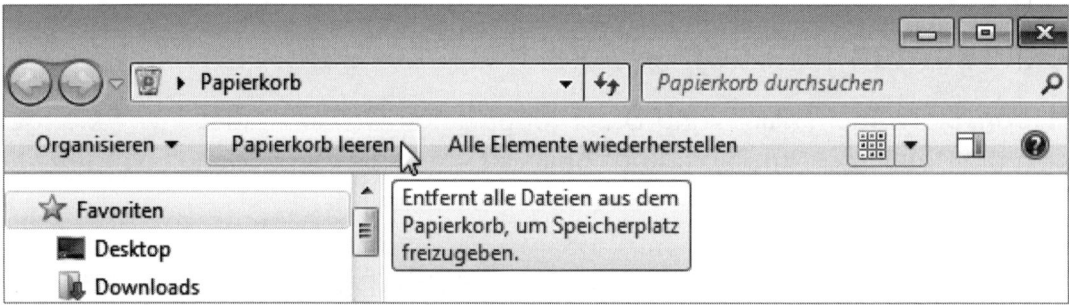

Das Leeren des Papierkorbs müssen Sie noch mit einem Mausklick auf die Schaltfläche JA bestätigen.

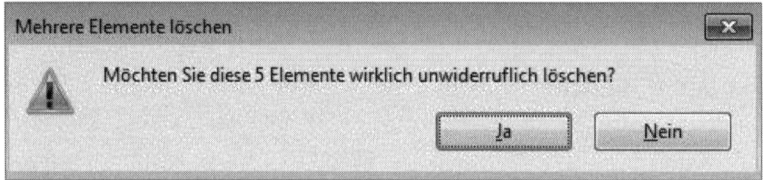

Bilder am Computer betrachten

Zum Betrachten von Bildern und Fotos verfügt Windows 7 über die Windows Fotoanzeige. Öffnen Sie zuerst die Bibliothek BILDER und dann mit einem Doppelklick den Ordner BEISPIELBILDER:

Die Diashow vergrößert die Bilder über den gesamten Bildschirm.

Um die Bilder über den gesamten Bildschirm zu vergrößern, können Sie die **Diashow** starten. Die Bilder werden dabei automatisch nacheinander eingeblendet. Markieren Sie das Bild, bei dem Sie beginnen möchten und klicken Sie auf die Schaltfläche Diashow.

 Wenn Sie die Diashow wieder verlassen möchten, drücken Sie auf der Tastatur die Taste Esc.

Mit einem DOPPELKLICK auf ein Bild können Sie ein Foto auch mit Hilfe der Windows Fotoanzeige betrachten. Hier steuern Sie die Anzeige über einfache Bedienelemente am unteren Rand des Fensters.

Zeigt das vorherige Bild des Ordners an

Zeigt das nächste Bild des Ordners an

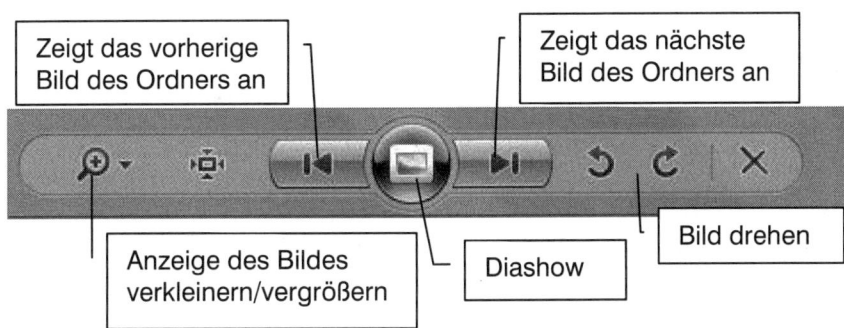

Anzeige des Bildes verkleinern/vergrößern

Diashow

Bild drehen

Falls Sie das Programm Windows Fotogalerie auf Ihrem Computer installiert haben, wird dieses bei einem Doppelklick geöffnet.

CD/DVD und USB-Speicherstift verwenden

Datenträger - Laufwerke
Die wichtigsten Bibliotheken und Ordner auf der Festplatte Ihres Computers kennen Sie nun, aber wo sind die übrigen Datenträger also DVD, CD oder USB-Speicherstift zu finden? Diese fasst Windows unter dem Begriff Laufwerke zusammen. Um sie anzuzeigen klicken Sie im rechten Bereich des Startmenüs auf den Eintrag COMPUTER.

Laufwerke: Alle Datenträger eines Computers.

Alle Laufwerke des Computers

Alle Laufwerke eines Computers erscheinen als Symbole in einem Ordnerfenster. Da hier nur tatsächlich angeschlossene Geräte angezeigt werden, kann sich die Anzeige Ihres Computers erheblich von der Abbildung unten unterscheiden.

Hier ist ein USB-Speicherstift am Computer angeschlossen

Windows unterscheidet nach Festplatten und Geräten mit Wechselmedien. In dieser Gruppe finden Sie alle verfügbaren DVD- oder CD-Laufwerke, der Zusatz RW bedeutet, dass Sie in diesem Laufwerk auch eine CD oder DVD beschreiben (brennen) können. Im Gegensatz zu diesen Laufwerken erscheint ein USB-Speicherstift nur dann, wenn er tatsächlich am Computer angeschlossen ist.

Ich finde keinen Eintrag USB-Stick!

Prüfen Sie, ob der USB-Speicherstift korrekt mit dem Gerät verbunden ist. Ihr Speicherstift muss nicht unter der Bezeichnung "USB-Stick" angezeigt werden. Häufig wird der Herstellername als Bezeichnung verwendet.

Wo ist mein Kartenlesegerät?

Unter Windows 7 erscheint das Kartenlesegerät erst, wenn Sie tatsächlich eine Speicherkarte einlegen. Davor wird es ausgeblendet

Verzichten Sie als Einsteiger aus Sicherheitsgründen darauf, auch den Inhalt der Festplatte anzuzeigen

Sicherheitshinweis:

Über das Fenster Computer kann auch auf den gesamten Inhalt der Festplatte zugegriffen werden, aus Sicherheitsgründen sollten Sie als Einsteiger aber darauf verzichten.

Die Festplatte enthält nicht nur die Standardordner in denen Sie Dateien speichern, sondern auch eine Vielzahl Ordner in denen das Betriebssystem Windows und alle vorhandenen Programme gespeichert sind. Versehentliche Veränderungen an diesen Ordnern könnten dazu führen, dass Programme nicht mehr korrekt gestartet werden.

Namen von Laufwerken

Neben Bezeichnungen wie "Lokaler Datenträger" für die Festplatte oder "Urlaub 09", die beim Brennen einer CD vergeben werden können, erhalten alle Laufwerke intern vom Betriebssystem als Namen einen Buchstaben zusammen mit einem Doppelpunkt.

Laufwerksbuchstaben: Laufwerke werden von Windows mit einem Buchstaben versehen

Die Buchstaben A: und B: waren ursprünglich für Disketten reserviert und fehlen daher meist auf einem modernen PC. Der ersten Festplatte wird automatisch der Buchstabe C: zugewiesen. Weitere Festplatten oder ein DVD/CD-Laufwerk erhalten die nächsten Buchstaben. In welcher Reihenfolge dies geschieht, ist von verschiedenen Faktoren abhängig, für die Benutzung allerdings völlig irrelevant. Den letzten Buchstaben erhält der USB-Stick, da er zuletzt mit dem Gerät verbunden wurde.

Den Inhalt einer CD / DVD betrachten

Wenn Sie Bilder auf einer CD oder DVD betrachten möchten, so funktioniert dies ganz einfach. Windows unterscheidet beim Umgang nicht zwischen Ordnern und Datenträgern, der Inhalt einer CD wird genauso behandelt wie der Inhalt eines Ordners. Sie können also Fotos, die sich auf CD befinden in der Vorschau anzeigen lassen und zum Betrachten öffnen oder dazu auch die Diashow starten.

Sie können den Inhalt von Datenträgern wie Ordner behandeln.

1. Legen Sie eine CD oder DVD in das Laufwerk Ihres Computers ein.

2. Der Datenträger muss zunächst eingelesen werden.

Nach wenigen Sekunden startet die automatische Wiedergabe mit einer Meldung. Sind auf der CD Fotos gespeichert, so klicken Sie mit der Maus auf die Einstellung BILDER ANZEIGEN. Enthält die CD dagegen auch Texte oder andere Daten, so wählen Sie die Einstellung ORDNER ÖFFNEN UM DATEIEN ANZUZEIGEN.

Wenn nach dem Einlegen einer CD oder DVD nichts passiert...

dann sollten Sie zuerst kontrollieren, ob der Datenträger korrekt eingelegt wurde. Ist dies der Fall, dann öffnen Sie einfach die CD im Fenster COMPUTER mit einem Doppelklick auf das Symbol.

Daten auf CD/DVD brennen

Zum Brennen auf CD/DVD muss auf Ihrem Computer ein geeignetes Laufwerk vorhanden sein!

Zum Brennen einer CD/DVD benötigen Sie eine leere CD, einen so genannten Rohling. Rohlinge mit dem Zusatz R (Read) können nach dem Brennen nur gelesen, aber nicht mehr verändert oder gelöscht werden. Bei Rohlingen mit dem Zusatz RW (Read / Write) ist dies dagegen möglich.

So geht's:

1. Legen Sie einen beschreibbaren Datenträger in das Laufwerk ein.

2.

Ist der Datenträger leer, so erscheint nach einigen Sekunden eine Meldung:

Wählen Sie DATEIEN AUF DATENTRÄGER BRENNEN

Falls die automatische Wiedergabe nicht erscheint, klicken Sie im Startmenü auf COMPUTER und dann doppelt auf das CD- oder DVD-Laufwerk.

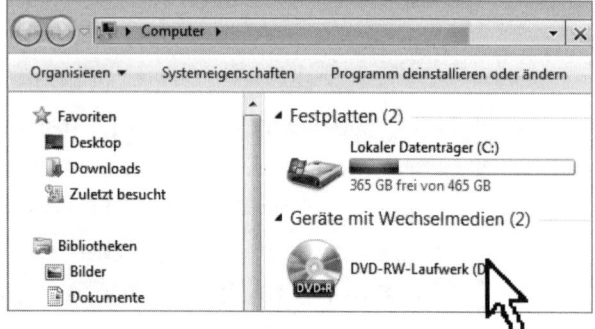

3.

Geben Sie anschließend einen Namen für den Datenträger ein, z.B. Urlaub 09 oder belassen Sie das Datum als Bezeichnung im Feld Datenträgertitel. Dann entscheiden Sie sich für eine der beiden Brennoptionen. Sie wählen eine Brennoption aus, indem Sie mit der linken Maustaste einmal in den Kreis klicken.

WIE EIN USB-FLASHLAUFWERK wählen Sie aus, wenn

- die Zusammenstellung Ihrer Daten auf der CD/DVD noch nicht abgeschlossen ist

- Sie können Dateien wieder löschen und neue Dateien hinzufügen

- Die CD/DVD kann auf Ihrem Computer gelesen und bearbeitet werden. Ein DVD-Player kann die CD/DVD aber nicht abspielen.

Dateien auf CD speichern und Auswahl verändern

So geht's:

1. Wählen Sie WIE EIN USB-FLASHLAUFWERK aus und klicken Sie auf WEITER.

2. Der Windows Explorer öffnet sich. Wählen Sie im Navigationsbereich durch Anklicken die Bibliothek aus, die die zu kopierenden Daten enthält. Ziehen Sie dann die Dateien auf das DVD-RW-Laufwerk im Navigationsbereich.

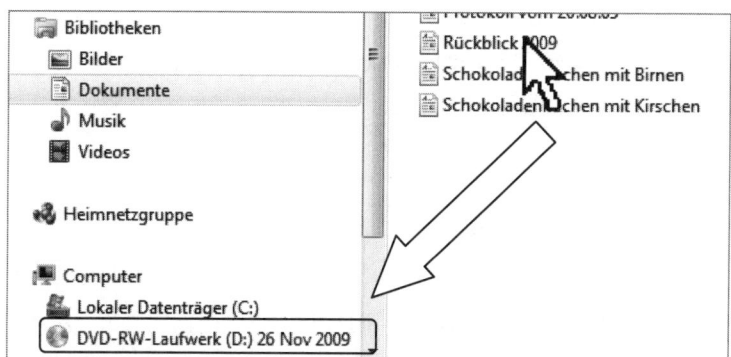

3. Wenn Sie alle Dateien kopiert haben, klicken Sie auf das DVD-RW-Laufwerk. Im Inhaltsbereich erscheinen alle Dateien, die Sie auf die CD/DVD kopiert haben.

4. Klicken Sie dann auf die Schaltfläche SITZUNG SCHLIEßEN auf der Symbolleiste. Danach können Sie die CD/DVD aus dem Laufwerk entnehmen.

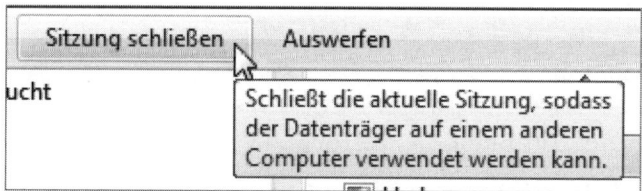

Wenn Sie Daten zur CD/DVD hinzufügen oder entfernen möchten, legen Sie die CD/DVD wieder in das Laufwerk ein. Zeigen Sie den Inhalt der CD/DVD an und wiederholen Sie dann die Schritte 2-4. Sie löschen eine Datei auf der CD/DVD durch Anklicken und drücken der Entf-Taste auf der Tastatur.

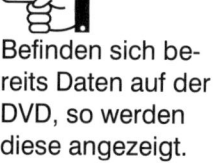

Befinden sich bereits Daten auf der DVD, so werden diese angezeigt.

Dateien auf CD brennen und an einem anderen Gerät abspielen

MIT EINEM CD/DVD-PLAYER wählen Sie aus, wenn

- Sie die CD/DVD an einem anderen Gerät als Ihren Computer abspielen möchten.

- Die gebrannte Auswahl an Dateien kann dann nicht mehr verändert werden.

So geht's:

1. Wählen Sie MIT EINEM CD/DVD-PLAYER aus und klicken Sie auf Weiter.

2. Windows Explorer öffnet sich. Wählen Sie die Bibliothek aus, die die zu brennenden Dateien enthält.

3. Markieren Sie die Dateien und ziehen Sie sie auf das DVD-RW-Laufwerk.

4. Klicken Sie auf das DVD-RW-Laufwerk. Im Inhaltsbereich sehen Sie nun alle Dateien, die Sie ausgewählt haben.

5. Klicken Sie dann auf die Schaltfläche AUF DATENTRÄGER BRENNEN.

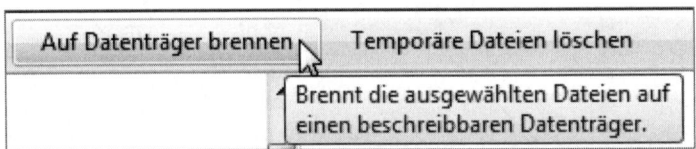

6. Das nächste Fenster DATENTRÄGER VORBEREITEN bestätigen Sie über die Schaltfläche WEITER. Die Daten werden nun auf die CD/DVD gebrannt. Nach Beendigung des Brennvorgangs können Sie das Fenster über die Schaltfläche FERTIG STELLEN schließen.

Dateien auf USB-Speicherstift kopieren

Möchten Sie Dateien oder Ordner auf einen USB-Speicherstift kopieren, so ziehen Sie einfach die Dateien auf das Laufwerksymbol im Navigationsbereich des Windows Explorers.

So geht's:

1. Öffnen Sie den Ordner, in dem sich die Dateien befinden, die Sie auf den USB-Stick kopieren möchten. Achten Sie darauf, dass im Navigationsbereich des Windows Explorers der USB-Speicherstift sichtbar ist. Sie finden ihn unter COMPUTER.

Wichtig: der USB-Speicherstift muss angeschlossen sein!

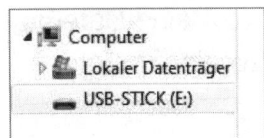

Ist der USB-Stick nicht sichtbar, klicken Sie mit der Maus auf das weiße Dreieck vor COMPUTER.

2. Markieren Sie im Inhaltsbereich die Dateien oder den Ordner den Sie kopieren möchten und ziehen Sie die Datei oder den Ordner mit gedrückter Maustaste auf den Eintrag USB-Stick. Lassen Sie die Maustaste los, wenn das Symbol hervorgehoben wird.

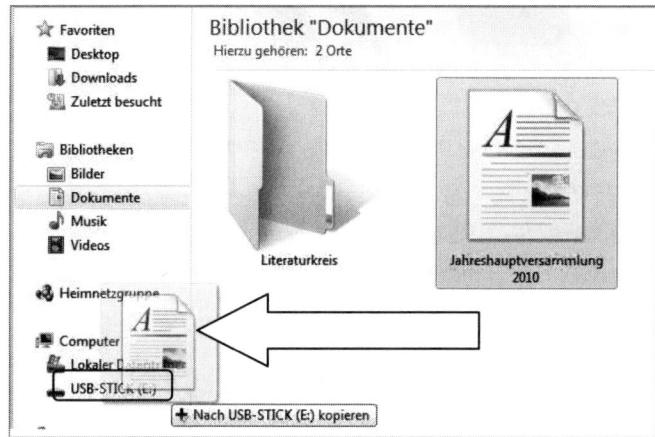

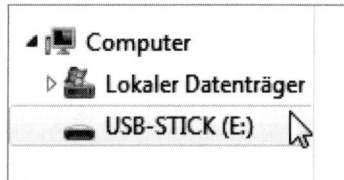

Die Dateien wurden auf den USB-Stick kopiert. Sie sind also noch an Ihrem Ursprungsort und auch auf dem USB-Stick.

Um zu kontrollieren, ob die Dateien auch auf den USB-Stick kopiert wurden, klicken Sie im Navigationsbereich auf USB-Stick. Im Inhaltsbereich des Windows Explorers sehen Sie nun die kopierten Dateien.

Warum wird meine Datei jetzt kopiert?

Mit der gleichen Vorgehensweise haben wir zu Beginn des Kapitels Dateien zwischen Ordner verschoben. Ziehen Sie eine Datei auf ein externes Gerät, wie z.B. einen USB-Stick wird diese automatisch kopiert. Dadurch wird sichergestellt, dass alle Dateien auf der Festplatte verbleiben.

USB-Stick entfernen

Schließen Sie das Fenster, das den Inhalt des USB-Stick anzeigt. Im Infobereich (rechter unterer Bildschirmrand) klicken Sie mit der linken Maustaste auf das Symbol für den USB-Stick:

Wählen Sie aus der Liste USB-FLASHDRIVE AUSWERFEN aus. Jetzt können Sie den USB-Stick vom Gerät entfernen.

9 Einstellungen und Problembehandlung

In dieser Lektion lernen Sie ...
- *das Hintergrundbild Ihres Desktops verändern*
- *die Anzeige von Symbolen und Schrift zu vergrößern*
- *Minianwendungen kennen*
- *verschwundene Dateien wiederzufinden*
- *Probleme mit der Taskleiste zu beheben*

Desktop und Bildschirmanzeige

Hintergrundbild ändern

Möchten Sie ein anderes Hintergrundbild für Ihren Desktop oder Ihre Fenster in anderen Farben darstellen? Dazu stehen Ihnen verschiedene Designs zur Verfügung, sozusagen Kompositionen aus Bildern und Farben.

So geht's:

Klicken Sie mit der **rechten** Maustaste auf den Hintergrund.

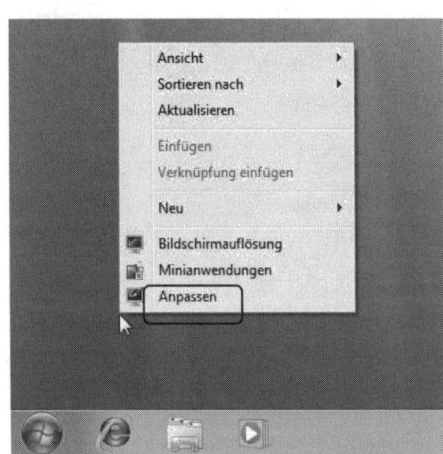

1. Klicken Sie mit der **rechten** Maustaste auf eine freie Stelle des Desktop. Es erscheint das Kontextmenü.

2. Klicken Sie einmal mit der linken Maustaste auf den Befehl ANPASSEN.

Designs: Bilder für den Desktop

Ihnen stehen drei verschiedene Designarten zur Verfügung: Eigene Designs, Aero-Designs und Basicdesigns / Designs mit hohem Kontrast. Der Bereich EIGENE DESIGNS ist wahrscheinlich leer. Diese werden gefüllt, wenn Sie eine andere Designart ändern. AERO-DESIGNS unterstützen die Aero-Desktopdarstellung, z.B. die Miniaturvorschau auf minimierte Programme. Unter dem Begriff Aero-Desktopdarstellung werden grafische Einstellungen, wie transparente Fensterrahmen, spezielle Desktophintergründe und die Miniaturvorschau zusammengefasst.

Interessant sind auch die Designs mit hohem Kontrast. Sie enthalten keine Hintergrundbilder, fallen aber durch kontrastreiche Farben auf, wodurch sich die einzelnen Elemente Ihres Bildschirms stärker voneinander absetzen und so besser zu unterscheiden sind.

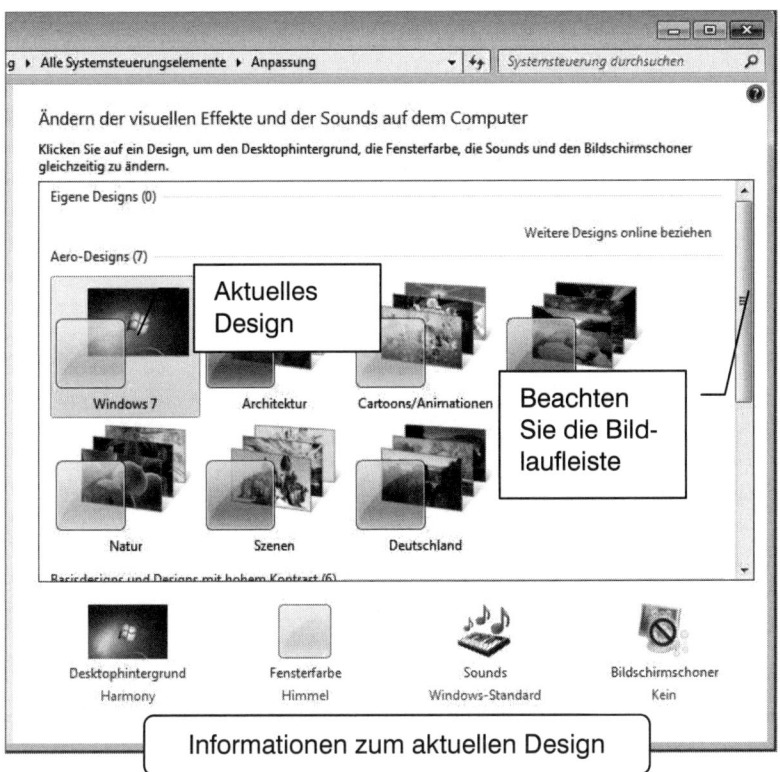

Design auswählen

Das aktuelle Design ist markiert, wenn Sie die ANPASSUNG öffnen. Im unteren Bereich des Fensters finden Sie Informationen zum aktuellen Design, wie Desktophintergrund, Fensterfarbe und Sounds. Wählen Sie nun ein anderes Aero-Design aus, wie wäre es mit Natur?

So geht's:

1. Klicken Sie auf das Design NATUR.

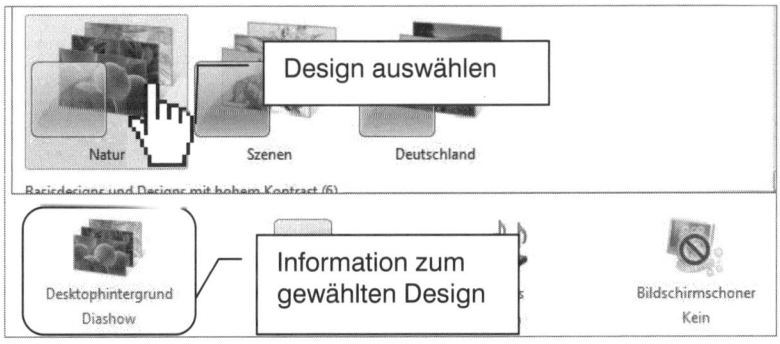

2. Im unteren Bereich DESKTOPHINTERGRUND sehen Sie jetzt Diashow, d.h. alle Bilder des Designs NATUR werden im Wechsel von 30 Minuten auf Ihrem Desktop dargestellt. Schließen Sie das Fenster ANPASSUNG, wenn Sie mit der Auswahl zufrieden sind. Die Änderungen sind schon aktiv.

Diashow: verschiedene Bilder werden abwechselnd angezeigt

Nur ein Bild wird auf dem Desktop angezeigt

Vielleicht ist aber auch eine Diashow zu viel des Guten. So wählen Sie nur ein Bild aus:

1. Öffnen Sie wieder die ANPASSUNG und klicken Sie auf ein Aero-Design, z.B. Natur.

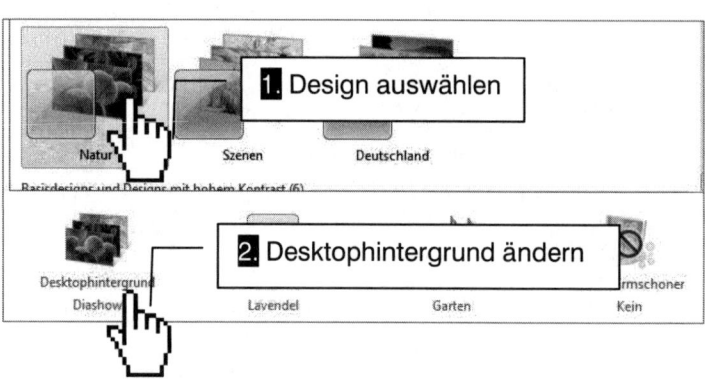

Desktophintergrund

Anklicken, um Desktophinter-grund zu ändern

2. Klicken Sie auf DESKTOPHINTERGRUND im unteren Bereich des Bildschirms. Der Inhalt des Desktophintergrunds wird angezeigt. Sie sehen, dass alle Bilder im Bereich NATUR einen Haken haben, also ausgewählt sind. Entfernen Sie zunächst die Haken durch Anklicken der Schaltfläche ALLE LÖSCHEN.

Nur das Bild mit dem Haken wird angezeigt

3. Klicken Sie nun einmal mit der Maus auf ein Bild Ihrer Wahl. Beachten Sie die Bildlaufleiste. Sie haben Zugriff auf alle Bilder aller Designs. Sie müssen also nicht zwingend ein Bild aus dem Bereich Natur wählen. Das angeklickte Bild erhält einen Haken.

4. Speichern Sie dann Ihre Änderungen über die Schaltfläche ÄNDERUNGEN SPEICHERN. Damit kehren Sie wieder in das Fenster ANPASSUNG zurück.

Fensterfarbe ändern:

So geht's:

1. Klicken Sie auf Fensterfarbe

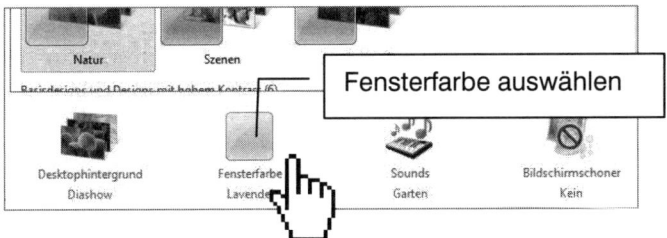

Fensterfarbe
Ändern der Rand-
farbe Ihrer Fenster

2. Wählen Sie eine andere Farbe durch Anklicken aus. Die Änderungen sehen Sie sofort in der Titelleiste des Fenster. Speichern Sie wieder über die Schaltfläche ÄNDERUNGEN SPEICHERN.

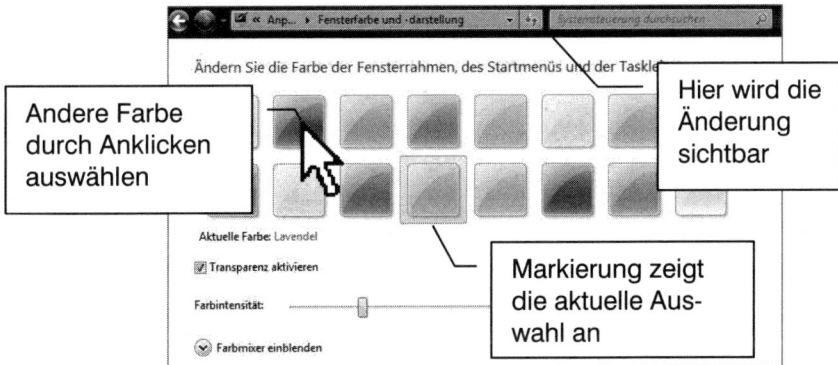

Neues Design speichern

Das neu erstellte Design finden Sie im Bereich EIGENE DESIGNS. Speichern Sie Ihr Design und schließen Sie das Fenster. Auf dem Desktop sehen Sie nun das ausgewählte Bild. Die Ränder aller Fenster, die Sie öffnen, sind mit der neuen Farbe versehen.

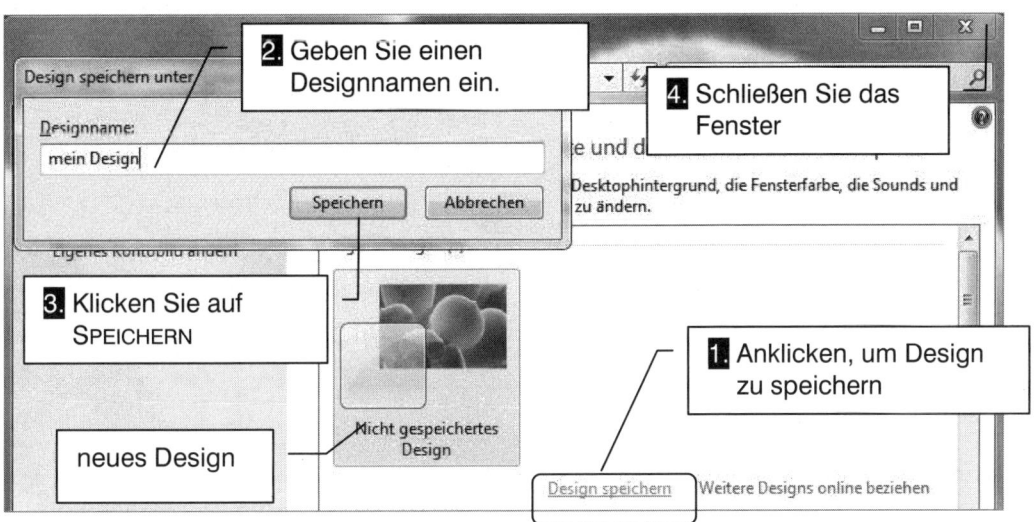

Bildschirmschoner und Energieverbrauch

Bildschirmschoner sind bewegte Bilder, die nach einer bestimmten Zeit, in der der Benutzer weder die Tasten noch die Maus des Computers bedient, automatisch erscheinen. Bildschirmschoner verschwinden wieder sobald Sie die Maus oder die Tastatur bedienen.

Öffnen Sie nochmals die ANPASSUNG und betrachten Sie die Einstellungen Ihres aktuellen Designs.

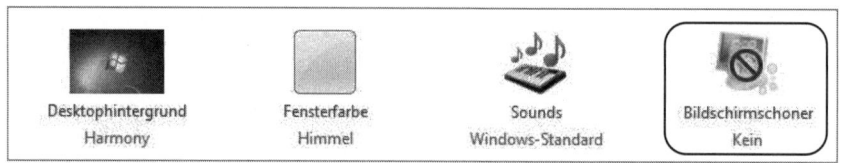

Sie sehen, dass kein Bildschirmschoner eingestellt ist. Keines der Designs enthält einen voreingestellten Bildschirmschoner.

Bildschirmschoner bei allen Designs inaktiv

Anklicken, um Einstellungen zu öffnen

Bildschirmschoner einschalten – so geht's:

1. Klicken Sie auf BILDSCHIRMSCHONER und wählen Sie einen Bildschirmschoner aus. Bestimmen Sie die Zeit, nach der der Bildschirmschoner eingeschaltet werden soll.

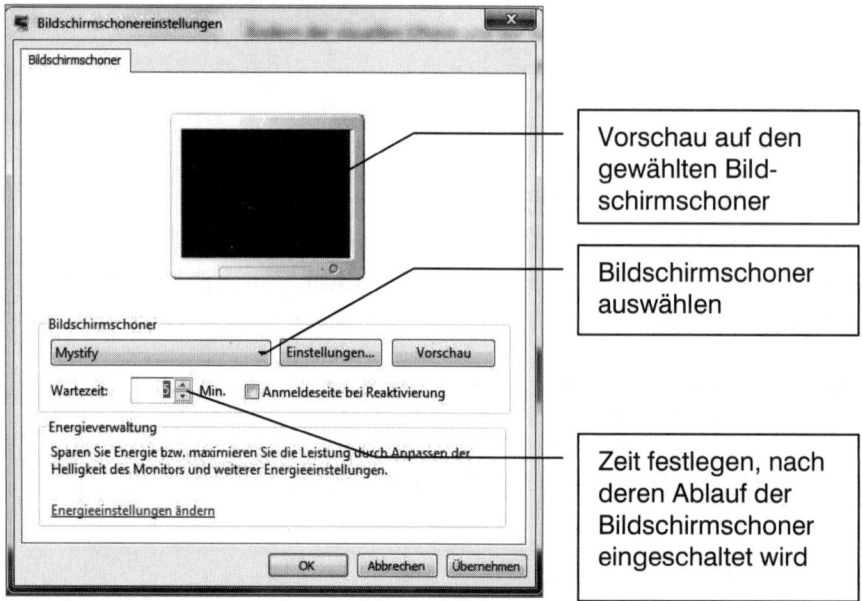

2. Klicken Sie auf die Schaltfläche OK, um die Änderungen zu übernehmen.

Energieeinstellungen

Moderne Monitore verfügen über einen Energiesparmodus, der den Bildschirm bei längeren Pausen abschaltet und dadurch weniger Energie verbraucht. Eine Bewegung mit der Maus genügt, um den Bildschirm wieder einzuschalten. Überprüfen Sie Ihre Einstellungen:

Energiesparplan: Bildschirm wird ausgeschaltet

So geht's:

1. Öffnen Sie das Startmenü und geben Sie in das Feld PROGRAMME UND DATEIEN DURCHSUCHEN das Wort "Energie" ein.

Startmenü öffnen

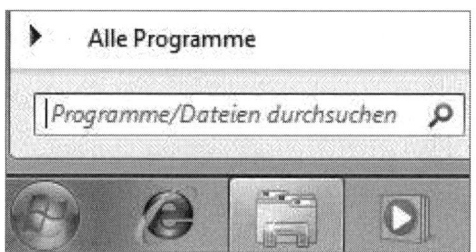 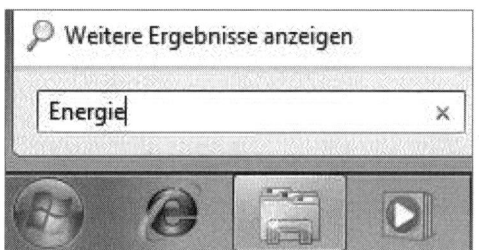

2. Im oberen Bereich des Fenster finden Sie nun ENERGIESPARPLAN BEARBEITEN. Klicken Sie einmal mit der linken Maustaste auf diesen Eintrag.

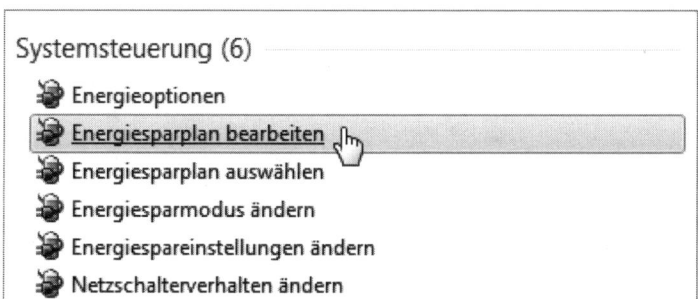

3. Im folgenden Fenster sehen Sie, nach welcher Zeit Ihr Monitor ausgeschaltet wird.

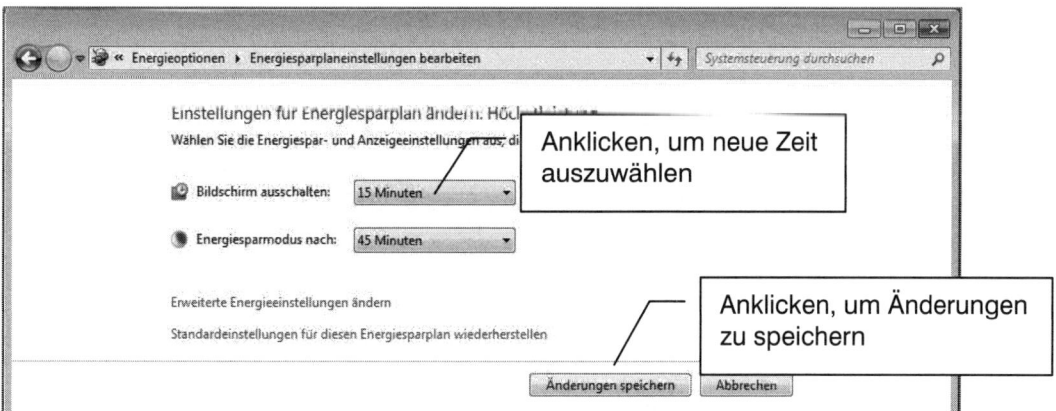

Bildschirmanzeige vergrößern

Ist der Text in Ihren Fenstern zu klein und auch die Symbole lassen sich nur schwer erkennen? Dann vergrößern Sie diese.

So geht's:

Startmenü öffnen

1. Öffnen Sie das Startmenü und geben Sie in das Feld PROGRAMME UND DATEIEN DURCHSUCHEN das Wort "Text" ein. Klicken Sie dann im oberen Bereich des Fensters auf TEXT UND WEITERE ELEMENTE VERGRÖßERN ODER VERKLEINERN.

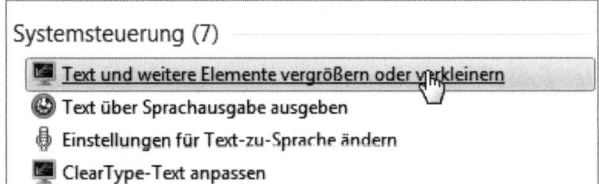

2. Folgendes Fenster erscheint:

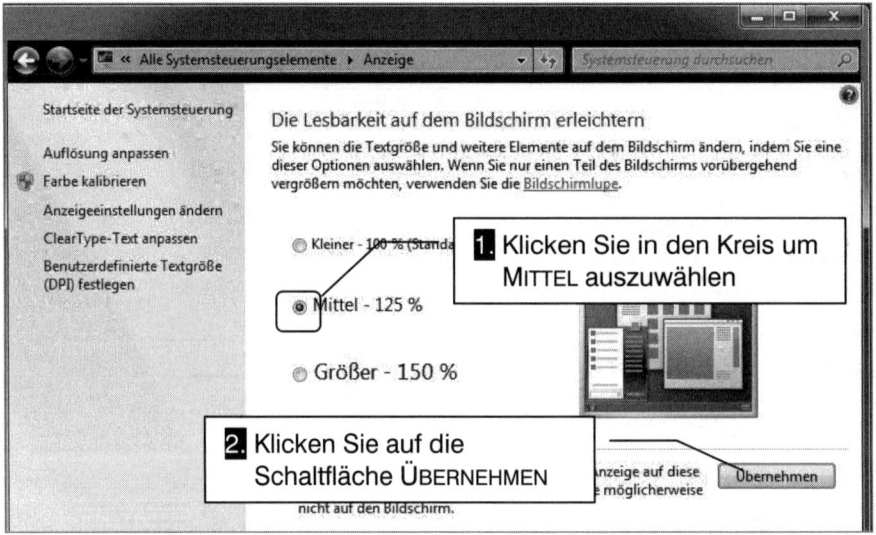

3. Um die Einstellungen zu aktivieren, müssen Sie sich erneut an Ihrem Computer anmelden. Danach sind alle Symbole und der Text größer.

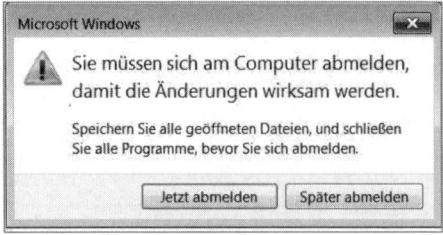

Klicken Sie auf die Schaltfläche JETZT ABMELDEN. Nach kurzer Zeit erscheint der Anmeldebildschirm und Sie können sich wieder anmelden.

Falls Sie gerade Programme geöffnet haben und die Daten noch nicht gespeichert wurden, klicken Sie auf SPÄTER ABMELDEN. Dann werden die Änderungen erst nach der nächsten Anmeldung aktiv.

Minianwendungen

Minianwendungen sind kleine Programme, die auf dem Desktop angezeigt werden. Dazu gehören eine Uhr, ein Kalender oder auch eine Wetteranzeige. Für einige Minianwendung ist eine Verbindung zum Internet erforderlich.

Minianwendung anzeigen

So geht's:

1. Klicken Sie mit der rechten Maustaste auf eine freie Stelle des Desktops und wählen Sie im Kontextmenü MINIANWENDUNG aus.

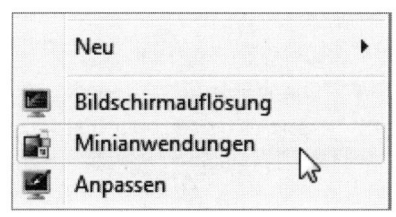

Mit der rechten Maustaste auf eine freie Stelle des Desktops klicken

2. Wählen Sie eine Minianwendung durch Doppelklick aus.

 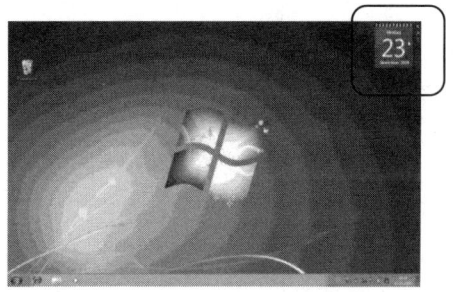

2x
Doppelklick um Minianwendung auszuwählen

Die Minianwendung erscheint am rechten Rand Ihres Desktops.

Einen schnellen Blick auf die Minianwendung...

erhalten Sie, wenn Sie den Mauszeiger ganz an den rechten Rand der Taskleiste bewegen. Alle geöffneten Fenster werden dadurch durchsichtig und Sie haben freie Sicht auf den Desktop. Sobald Sie den Mauszeiger an eine andere Stelle bewegen, erscheinen alle geöffneten Fenster wieder in Ihrer ursprünglichen Größe.

Minianwendung schließen

Anklicken, um Minianwendung zu schließen

Bewegen Sie den Mauszeiger auf die Minianwendung. Dadurch werden am rechten Rand Bearbeitungssymbole angezeigt.

Klicken Sie auf die Schaltfläche SCHLIEßEN.

Einstellungen der Maus

Doppelklick

Haben Sie Probleme mit dem Doppelklick? Dann ist vielleicht die Doppel-klickgeschwindigkeit Ihrer Maus zu schnell eingestellt.

?

Doppelklickge-schwindigkeit än-dern.

1. Öffnen Sie das Startmenü und geben Sie in das Feld PROGRAMME UND DATEIEN DURCHSUCHEN das Wort "Maus" ein. Klicken Sie dann im oberen Bereich des Fensters auf MAUSEINSTELLUNGEN ÄNDERN.

 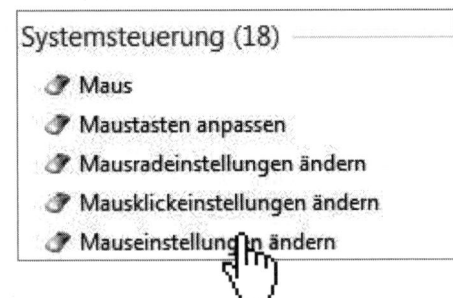

2. Im sich öffnenden Fenster finden Sie einen Schieberegler, den Sie mit gedrückter linker Maustaste bedienen, um die Doppelklickgeschwindig-keit zu ändern.

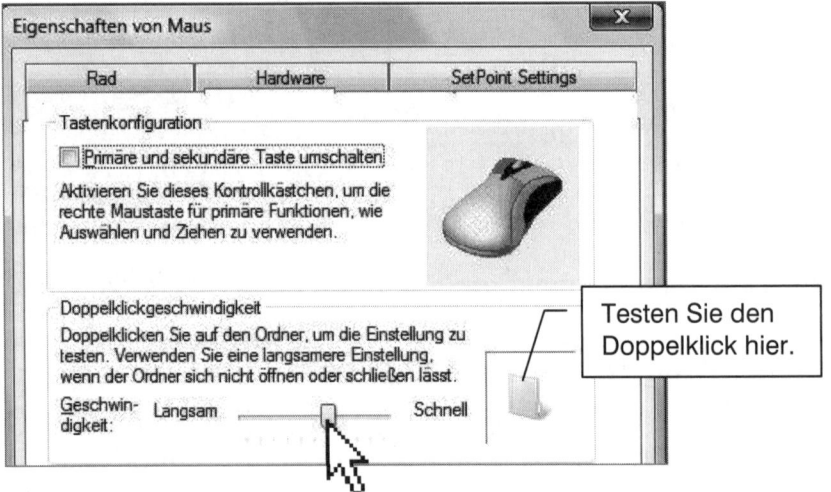

Testen Sie den Doppelklick am Ordnersymbol rechts daneben: Mit der richtigen Geschwindigkeit erscheint statt des geschlossenen Ordners ein geöffnetes Ordnersymbol. Anschließend bestätigen Sie mit der Schaltflä-che OK.

Gespeicherte Dateien wiederfinden

Sie können eine gespeicherte Datei nicht finden oder wissen nicht mehr, in welchen Ordner Sie diese abgespeichert haben? Über eine Suchfunktion können Sie die Datei wieder aufspüren. Dazu sollten Sie allerdings eine der folgenden Informationen noch im Gedächtnis haben:

Eine gespeicherte Datei ist verschwunden

- den Dateinamen

- einen Teil des Dateinamens

- ein markantes Wort aus dem Inhalt Ihres Textes

So geht's:

Sie suchen die Datei "Schokoladenkuchen"

1. Öffnen Sie das Startmenü und geben Sie in das Feld PROGRAMME UND DATEIEN DURCHSUCHEN das Wort "Schokoladenkuchen" ein. Eigentlich reicht es wahrscheinlich schon, wenn Sie nur "Schoko" eingeben.

Startmenü öffnen

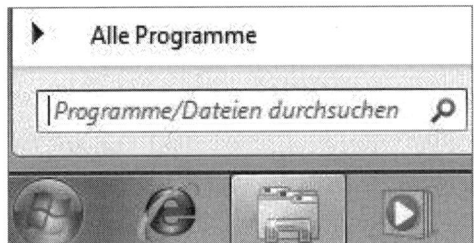
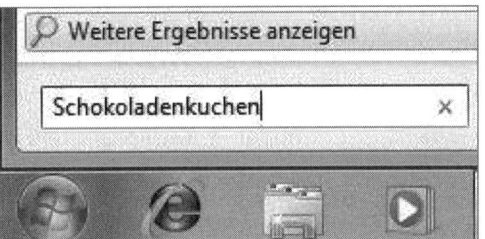

2. Im oberen Bereich des Fenster finden Sie nun die Datei "Schokoladenkuchen mit Kirschen". Sie könnten nun einmal mit der linken Maustaste auf den Eintrag klicken. Dadurch würde sich die Datei öffnen. Leider hätten Sie damit immer noch nicht Ihr Problem gelöst; die Frage wo die Datei eigentlich gespeichert ist.

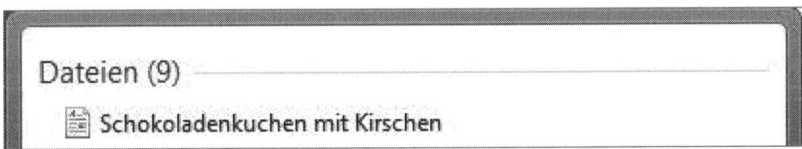

3. Sie können die Datei allerdings im Windows-Explorer anzeigen und dadurch Ihren Speicherort ermitteln. Klicken Sie mit der **rechten** Maustaste auf den Eintrag und wählen Sie DATEIPFAD ÖFFNEN aus.

1x klicken, um Kontextmenü aufzurufen

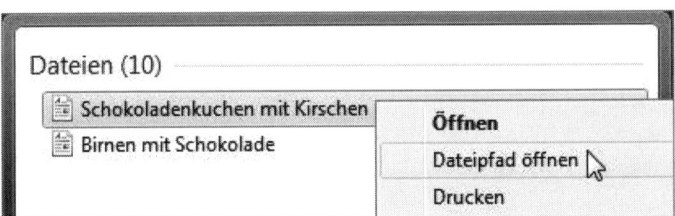

4. Der Windows-Explorer öffnet sich und Sie erkennen in der Adresszeile, wo Ihre Datei gespeichert wurde.

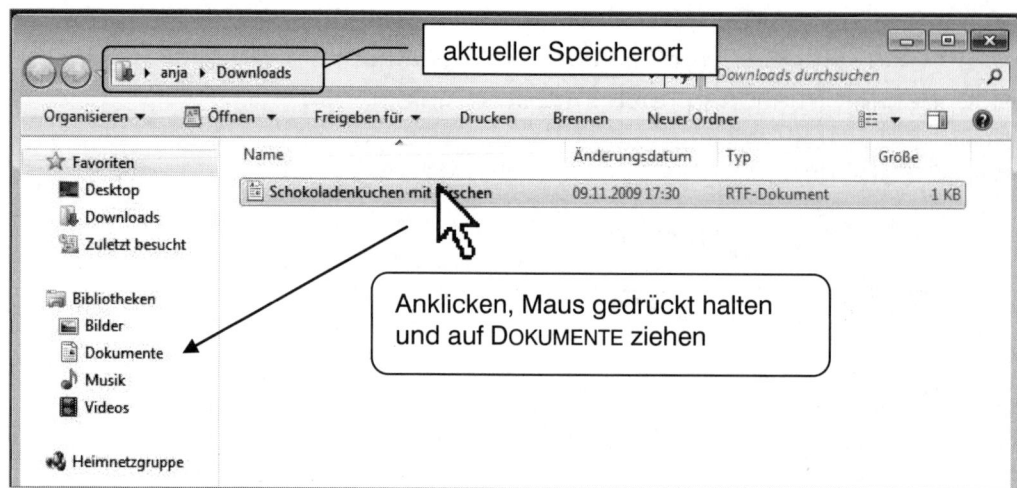

5. Diese Datei wurde versehentlich im Ordner DOWNLOADS gespeichert. Um die Datei zu verschieben, klicken Sie sie an, halten die linke Maustaste gedrückt und bewegen den Mauszeiger in den Navigationsbereich auf die Bibliothek DOKUMENTE. Dann lassen Sie die Maustaste los.

Die Datei "Schokoladenkuchen mit Kirschen" aus unserer früheren Lektion ist auf Ihrem Computer wahrscheinlich immer noch in der Bibliothek DOKUMENTE gespeichert. Diese wird dann in der Adresszeile angezeigt.

Probleme mit der Taskleiste

Ist die Taskleiste zu groß oder an der falschen Stelle? Die Taskleiste kann wie ein beliebiges Fenster vergrößert und verschoben werden. Standardmäßig finden Sie die Taskleiste am unteren Rand des Bildschirms. Befindet sie sich aber plötzlich beispielsweise am rechten Bildschirmrand, dann ziehen Sie sie einfach mit gedrückter linker Maustaste wieder an den unteren Bildschirmrand zurück.

Nimmt die Taskleiste zu viel Platz ein, dann zeigen Sie mit der Maus auf den oberen Rand der Leiste, bis als Mauszeiger ein senkrechter Doppelpfeil erscheint. Jetzt können Sie mit gedrückter linker Maustaste die Taskleiste wieder auf die gewünschte Höhe ziehen. Die Taskleiste kann nur verändert werden, wenn Sie nicht fixiert ist.

Fixieren verhindert versehentliches Verschieben der Taskleiste.

Standardmäßig sollte die Taskleiste eigentlich fixiert sein, damit sie nicht versehentlich verschoben wird. Ist dies nicht der Fall, dann klicken Sie mit der rechten Maustaste in einen freien Bereich der Taskleiste und wählen den Befehl TASKLEISTE FIXIEREN, bzw. am Haken erkennen Sie, ob die Taskleiste bereits fixiert ist.

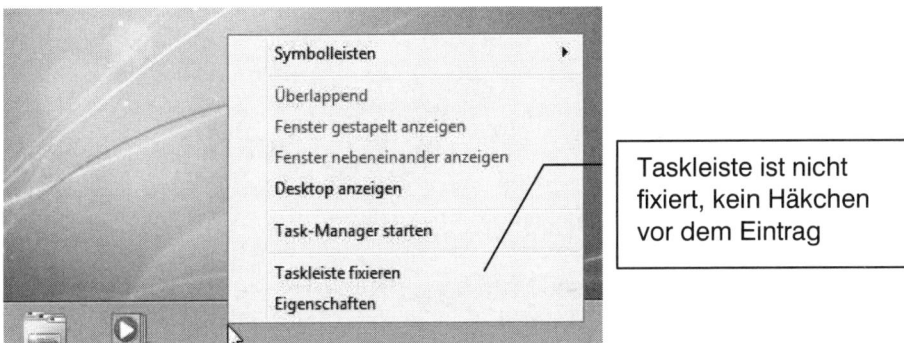

Taskleiste ist nicht fixiert, kein Häkchen vor dem Eintrag

Taskleiste mit der rechten Maustaste anklicken

In einigen Fällen kann die Taskleiste auch ausgeblendet sein. Dann klicken Sie mit der rechten Maustaste in einen freien Bereich der Taskleiste und rufen aus dem Kontextmenü den Befehl EIGENSCHAFTEN auf. Deaktivieren Sie das Kontrollkästchen TASKLEISTE AUTOMATISCH AUSBLENDEN und bestätigen Sie mit OK.

Ist die Taskleiste nicht sichtbar?

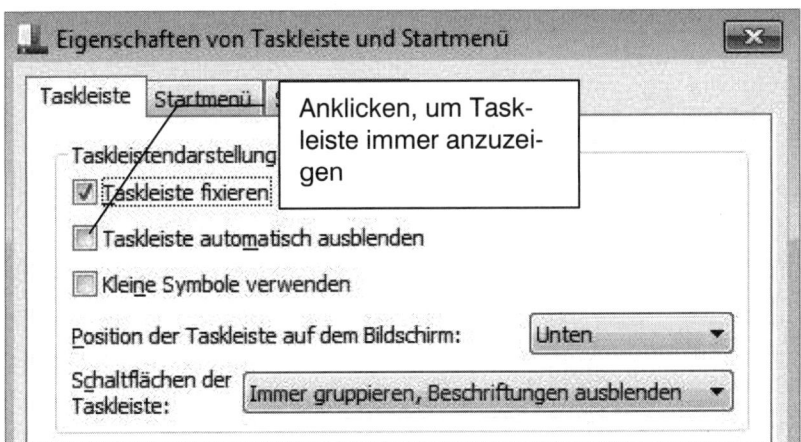

Anklicken, um Taskleiste immer anzuzeigen

Der Computer reagiert nicht mehr

Es kann vorkommen, dass Ihr Computer plötzlich weder auf Mausklick noch auf Tastatureingaben reagiert. Man spricht dann von einem Absturz des Computers, genauer gesagt eines Programms. Schalten Sie den Computer nicht einfach aus, sondern versuchen Sie das Programm zu beenden.

Wichtig!
Schalten Sie den Computer nicht einfach aus

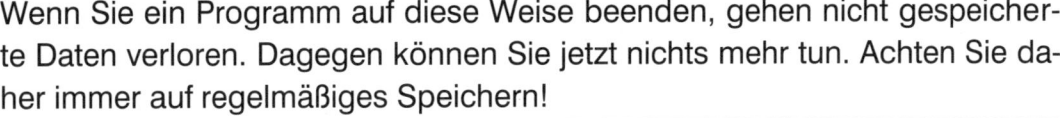

Wichtig

Wenn Sie ein Programm auf diese Weise beenden, gehen nicht gespeicherte Daten verloren. Dagegen können Sie jetzt nichts mehr tun. Achten Sie daher immer auf regelmäßiges Speichern!

So geht's:

Tasten-kombinationen:
Drücken Sie zuerst die beiden Tasten **Strg** und **Alt** und halten Sie die Tasten gedrückt. Dazu drücken Sie dann kurz einmal die Taste **Entf**.

1. Drücken Sie die Tastenkombination Strg +Alt + Entf

2. Windows öffnet das Fenster **Task-Manager**. Klicken Sie im Register AN-WENDUNGEN auf das betreffende Programm und anschließend auf die Schaltfläche TASK BEENDEN.
Als Status gibt der Taskmanager in diesem Fall an: "keine Rückmeldung" oder "reagiert nicht".

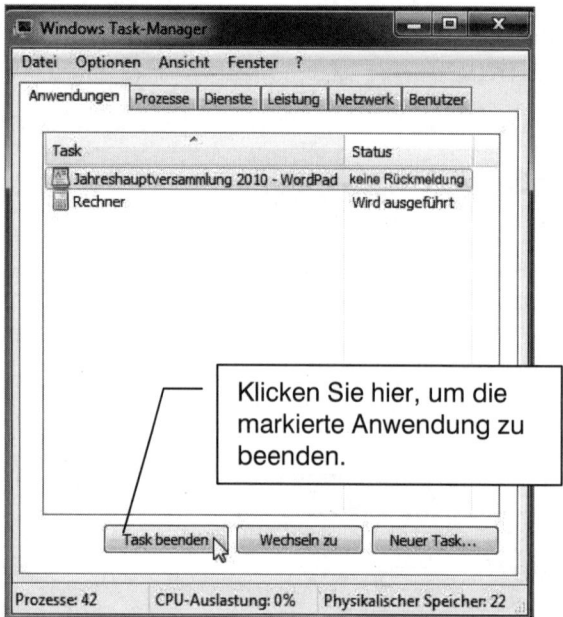

Anschließend können Sie das Programm wieder neu starten oder den Computer herunterfahren und neu starten.

Kleines Computer-lexikon

AMD
Hersteller von Prozessoren.

Betriebssystem
Das Betriebssystem ist die wichtigste Software eines Computers und umfasst eigentlich eine ganze Gruppe von Programmen zur Bedienung und Verwaltung eines Computers. Dazu gehören die Steuerung der Hardware, die Dateiverwaltung und die Benutzeroberfläche zur Bedienung des Computers.

BIOS
Abkürzung für Basic Input Output System, enthält die wichtigsten Funktionen, die zum Starten eines Computers nötig sind. Das BIOS ist fester Bestandteil des Computers.

Bit
Ein Bit stellt in der EDV die kleinste Speichereinheit dar, allerdings lassen sich damit nur die Informationen 0 und 1 speichern. Ein Byte umfasst 8 Bit.

Booten
Den Startvorgang nach dem Einschalten des Computers bezeichnet man auch als Booten.

Bussystem
Der eigentliche Datentransport zwischen den verschiedenen Geräten, beispielsweise Tastatur, CD und Bildschirm erfolgt über ein so genanntes Bussystem. PCI (Peripheral Component Interconnect) ist einer der bekanntesten Standards.

Byte
Ein Byte umfasst 8 Bit, und kann die Zahlen von 0 bis 255 speichern.

CPU
Abkürzung für Central Processing Unit, eine gebräuchliche Bezeichnung für den Prozessor als zentrale Verarbeitungseinheit.

dpi
Die Auflösung eines Druckers wird in dpi = Dots per Inch (Punkt pro Inch) angegeben.

Drag & Drop
dt. ziehen und fallenlassen; bezeichnet eine Methode, wie man mit gedrückter Maustaste Objekte verschieben kann.

DSL
Abkürzung für Digital Subscriber Line, eine Technik zur schnellen Datenübermittlung über eine Telefonleitung.

DVD
Digital Versatile Disk, weist im Gegensatz zur CD mit 4,7 GB eine erheblich höhere Speicherkapazität auf und ist daher auch zum Speichern von Videos geeignet.

INTEL
Hersteller von Prozessoren.

ISDN
Abkürzung für Integrated Services Digital Network, ein internationaler Standard für digitale Kommunikation.

JPEG
Dateiformat, das häufig für die Speicherung von Bildern verwendet wird.

LAN
Local Area Network. Ein lokales Netzwerk, das innerhalb eines abgegrenzten Bereiches mehrere Computer miteinander zum Datenaustausch verbindet.

Link, Hyperlink
Dieser Begriff stammt eigentlich aus dem Internet und bezeichnet eine Textstelle, die auf eine Information an einem anderen Ort verweist. Ein Mausklick auf einen Link genügt, um diese Informationen anzuzeigen.

Linux
Ein alternatives Betriebssystem, im Gegensatz zu Microsoft Windows frei verfügbar und eine kostengünstige Alternative.

Mainboard
Die Hauptplatine eines Computers, die alle anderen Bauteile miteinander verbindet. Auch als Motherboard bezeichnet.

MP3
Ein Standard zur Komprimierung und Speicherung von Musikdateien.

PC
Abkürzung für Personal Computer.

PDA
Abkürzung für Personal Digital Assistant, auch als Organizer bezeichnet. Ein sehr kleiner Computer zur Verwaltung von Terminen und Adressen.

PDF-Format
Das Dateiformat PDF ist ein betriebsystemunabhängiges Format, zum Lesen ist als Programm der (kostenlose) Acrobat Reader der Firma Adobe erforderlich.

Pixel
Ein einzelner Bildpunkt auf dem Bildschirm, Pixel werden für die Angabe der Auflösung des Bildschirms verwendet.

Prozessor
Das wichtigste Bauteil eines Computers, das alle anfallenden Berechnungen erledigt, auch als CPU bezeichnet.

RAM
Abkürzung für Random Access Memory, ein Speicher, bei dem auf jede einzelne Speicherstelle zugegriffen werden kann. RAM ist eine andere Bezeichnung für den Arbeitsspeicher eines Computers.

ROM
Read Only Memory, ein Speicher dessen Daten nicht verändert, sondern nur gelesen werden können.

Schnittstelle
eine Sammelbezeichnung für alle Anschlüsse oder Buchsen an einem Computer. Über Schnittstellen werden externe Geräte wie Drucker und Maus angeschlossen.

TFT
Abkürzung für Thin Film Transistor, eine Technik auf der moderne Flachbildschirme basieren.

Treiber
Treiber sind kleine Programme, die Windows zur korrekten Ansteuerung verschiedener Geräte, beispielsweise von Druckern benötigt.

USB
Universal Serial Bus, eine Anschlussmöglichkeit für externe Geräte, wie Maus, Tastatur, Drucker oder Scanner

WLAN
Wireless LAN, ein drahtloses lokales Netzwerk bei dem die Datenübermittlung per Funk erfolgt.

Zwischenablage
Die Zwischenablage speichert ausgeschnittene oder kopierte Texte oder ganze Dateien. Diese Elemente können aus der Zwischenablage beliebig oft eingefügt werden.

Anhang:
Die Computertastatur

Die Schreibmaschinentasten einer Computertastatur bedienen Sie genauso wie bei der Schreibmaschine. Daneben gibt es noch einige Besonderheiten, außerdem unterscheidet sich auch die Tastatur eines Laptop oder Notebook von einer normalen Tastatur.

Die Tastatur eines **Laptop** unterscheidet sich etwas von der normalen Computertastatur.

Sonderzeichen

Einige der Tasten weisen drei Zeichen auf, so finden Sie zum Beispiel zu den runden Klammern auch noch eckige Klammern, oder das Euro Zeichen beim Buchstaben E. Zur Eingabe dieser Sonderzeichen drücken Sie zusätzlich die Alt Gr Taste. Die Alt Gr Taste wird verwendet wie die Umschalttaste (manchmal auch Shift Taste genannt) und dient zur Eingabe der Drittbelegung der Tasten.

€
Sonderzeichen wie Euro und @ Zeichen geben Sie zusammen mit der Alt Gr Taste ein.

Tastenkombinationen:

Die **Strg** Taste und die **Alt** Taste brauchen Sie für so genannte Tastenkombinationen. So markieren Sie zum Beispiel bei einem Textverarbeitungsprogramm mit den beiden Tasten Strg und A (Strg+A) Ihren gesamten Text. Sie drücken zuerst die Strg-Taste und halten die Taste gedrückt, während Sie ein A eintippen. Anschließend lassen Sie beide Tasten wieder los.

Funktionstasten

Die Funktionstasten (beginnend mit F1, F2, usw.) dienen dazu, schnell bestimmte Befehle auszuführen. Ihre Verwendung unterscheidet sich nach den Programmen, daher werden sie hier nicht näher erklärt. Eine Ausnahme stellt die Taste F1 dar, sie ist fast immer die Hilfe-Taste mit der Sie schnell die Hilfe anzeigen lassen können.

Die meisten Programme verfügen über eine eingebaute Hilfe, die Sie mit der Funktionstaste **F1** aufrufen können.

Weitere Tasten

Weitere wichtige Tasten sind die **Esc** (englisch Escape = Abbrechen) Taste, mit der Sie Befehle abbrechen können. Diese Taste hat in Dialogfenstern die Bedeutung der Schaltfläche *Abbrechen*.

Die meisten Tastaturen weisen zwischen der Strg und der Alt Taste noch eine Taste mit dem Windows-Logo auf. Mit dieser Taste öffnen Sie das Startmenü.

Tastatur: Schreibmaschinentasten und Sondertasten

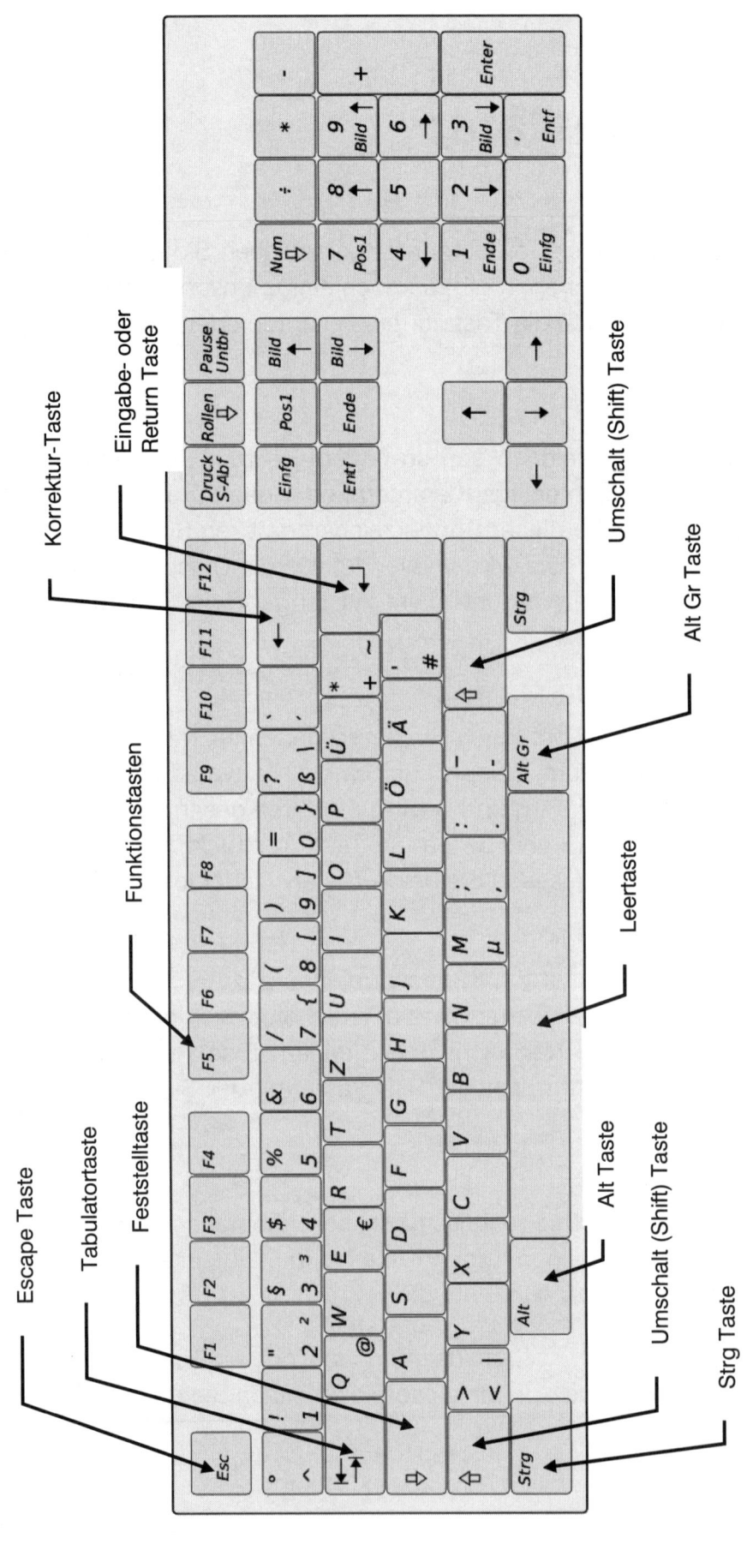

Tastatur: Cursortasten und Ziffernblock

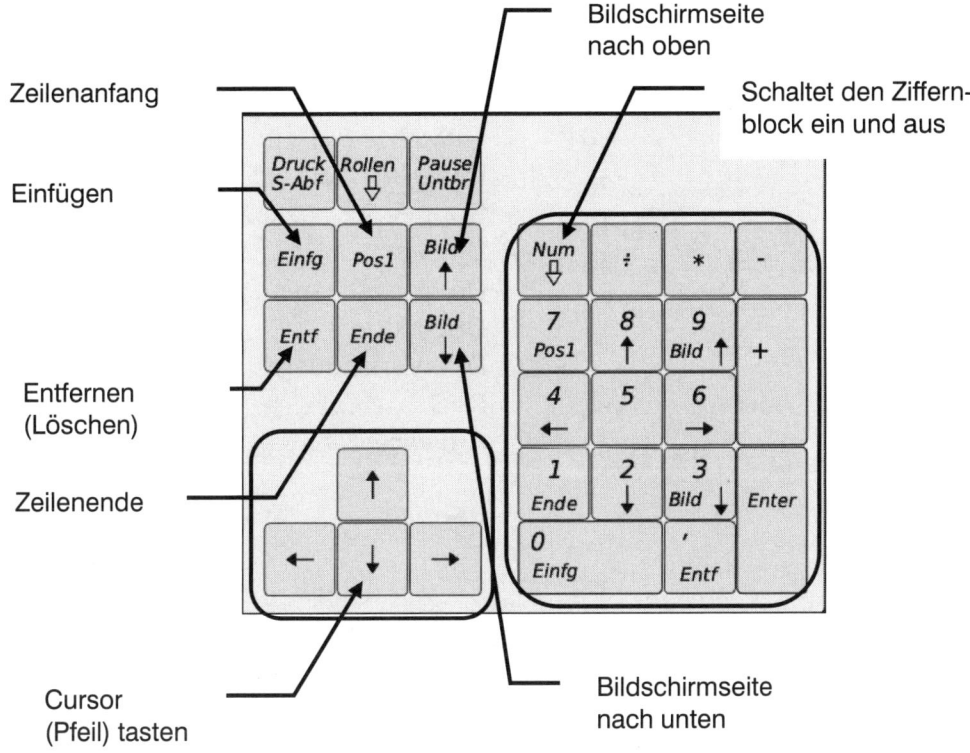

Bildschirmseite
nach oben

Schaltet den Ziffern-
block ein und aus

Zeilenanfang

Einfügen

Entfernen
(Löschen)

Zeilenende

Cursor
(Pfeil) tasten

Bildschirmseite
nach unten

Sie können über den Ziffernblock keine Zahlen eingeben?
dann ist der Ziffernblock ausgeschaltet. Drücken Sie die Taste **Num**, damit wird der Ziffernblock wieder aktiviert.

Was tun, wenn

Stichwortverzeichnis